하나님을 갈망하다

Originally published in English under the title

The Pursuit of God

by A. W. Tozer

Copyright © 1982, 1993 by The Moody Bible Institute of Chicago
Published in the United States by Moody Publishers
820 N. LaSalle Blvd., Chicago, IL 60610 U.S.A.
Translated by permission.
All rights reserved.

This Korean Translation Copyright © 2023 by Kyujang Publishing Company

이 한국어판의 저작권은 저작권사와 독점 계약한 규장 출판사에 있습니다.
신 저작권법에 의하여 한국 내에서 보호 받는 저작물이므로 무단 전재와 무단 복제를 금합니다.

A. W. 토저 마이티 시리즈(A. W. TOZER Mighty Series)

토저는 교인수의 성장을 위해서라면 대중의 인기에 야합하고, 거대 기업의 경영방식을 무차별 차용하고, 할리우드 엔터테인먼트 방식을 예배에 도입하는 것에 대해 통렬한 비판을 가하였다. 그는 현대의 교회가 물량적 성장을 위해서라면 교회의 순결성을 포기하는 듯한 자세를 보일 때는 그것을 좌시하지 않고 언제나 선지자의 음성을 발하였다. 듣든지 안 듣든지 이스라엘 교회의 세속화를 준열히 책망했던 예레미야처럼, 토저도 시대에 아부하지 않고 하나님교회의 순정성(純正性)을 파수하기 위해 '강력한'(Mighty) 말씀을 선포했다. 그래서 토저는 '이 시대의 선지자'라는 평판을 들었다. 토저가 신앙의 개혁을 위해 외쳤던 뜨겁고 강력한 메시지를 이 시대의 우리도 들어야 한다. 말씀과 성령에 의한 개혁이 절실히 필요한 이때, 규장에서 토저의 강력한(Mighty) 메시지들을 'A. W. 토저 마이티(Mighty) 시리즈'로 출간한다.

"토저의 설교는 설교단에서 발사되어 청중의 마음을 관통하는 레이저 광선과 같다." – 워런 위어스비

A.W. TOZER

THE PURSUIT OF GOD

하나님을 갈망하다

A.W. 토저

MIGHTY SERIES 33

규장

The Pursuit of God

영문판 편집자의 글

마음이 불타는 이들의 영적 오아시스

《하나님을 갈망하다》는 하나님이 어떤 분이신지를 알기 위해 노력한 A. W. 토저의 영적 탐구의 결실이다. 무명에 가까웠던 그의 분투는 훗날 복음주의 교회에 심원한 자국을 남겼다. 1948년에 출간된 이 책으로 말미암아 토저는 존경받는 영적 지도자 중 한 사람으로 발돋움했고, 그 후 평생 그런 지도자로 살아갔다. 토저가 좋아했던 표현을 빌려 말하자면, 그의 사역은 '마음이 불타는 사람들'에게 영적 오아시스의 역할을 했다.

나는 열다섯 살에 이 책을 처음 만났다. 그 후로 스무 번 넘게 읽었는데, 그때마다 내 영혼은 새로운 도움을 받았다. 이 책을 만나면서 나는 이 흥미로운 사람의 삶을 탐구하는 여행길에도 오르게 되었다.

토저는 하나님과의 동행을 삶의 제1순위로 삼았고, 그것을 방해하는 것은 어떤 것도 결코 용납하지 않았다. 그렇기 때문에 그는 기독교 신비가(神秘家, mystic)들에게 끌렸고, 그들이 날마다 '하나님의 임재 연습'에 몰두했다는 사실에 큰 자극을 받았다. 그는 그들과의 영적 교감을 즐겼다. 토저는 어떤 사람에게 하나님을 향한 순수한 의도가 있다는 것을 확인하면, 그 사람의 거의 모든 것을 용서할 수 있었다.

토저 박사의 기도생활은 대단히 주목할 만한 것이었다. 그는 서재 바닥에 엎드려 하나님을 경배하는 습관이 있었다. 그의 간증에 따르면, 종종 그는 엎드려 아무 말도 하지 않고 침묵 가운데 그분을 경배했으며, 그럴 때에는 대개 주변을 전혀 의식하지 않았다고 한다. 이런 기도와 경배는 그의 공적 사역을 위한 연구와 준비의 기초가 되었다.

우리가 이 책에서 분명하게 볼 수 있는 것은 하나님을 예배하기 원하는 그의 마음, 또 사람들로 하여금 하나님을 더 깊이 알도록 감동을 주고 싶어 하는 마음이다. 생각을 분산시킬 수도 있는 잡다하거나 세부적인 이야기들에는 관심을 두지 않고 오직 하나님의 일에만 집중하기 원하는 독자에게는 이 책이 충실한 동반자가 되어줄 것이다. 한 번 재미있게 읽고나면 더 이상 읽지 않게 되는 책도 있고, 반복해서 읽을수록 그 진가가 드러나는 책이 있다. 이 책은 후자에 속한다.

제임스 L. 스나이더

일생, 하나님을 탐구하다

오늘날 그리스도인들에게서는 하나님을 진정으로 찾을 때 얻게 되는 '영혼의 평온'이라는 열매가 좀처럼 발견되지 않는다. 너무 많은 사람들이 평온을 모르는 영혼이 정상이라고 받아들이고서 더 이상 하나님을 전심으로 찾지 않는다. 어떤 이들은 일상생활의 분주함과 책임에서 해방되어 영혼의 평온을 맛보겠다며 도시를 탈출해 조용한 곳을 찾아가지만, 그곳에서도 마음의 쉼을 얻지는 못한다.

A. W. 토저는 영혼의 평온을 얻을 수 있는 비결을 찾아 기독교 공동체에 확실히 알려준 훌륭한 목회자다. 그는 시카고

에서 지내며 그 도시의 번잡함과 소란스러움 속에서도 하나님과 더 가까이 동행하는 법을 배웠다. 세상에서 멀리 떨어진 수도원 같은 곳에서 조용하고 편하게 지내는 호사가 그에게 허락된 적은 없었다. 펜실베이니아 주 남부 산지의 가난한 가정에서 태어난 그에게는 고생하며 살았던 기억밖에 없었다. 그는 가정 형편상 교육의 기회를 갖지 못해서 고등학교나 대학 교육을 받지 못한 채 목회에 뛰어들었다.

A. W. 토저는 17세에 오하이오 주 애크런의 길거리 전도집회에서 어떤 평신도의 설교를 들은 후 그리스도를 마음에 모셨다. 그리고 감리교회에 다니면서 그리스도를 적극적으로 전했다. 가족과 함께 살던 집의 칙칙한 지하실 한구석이 그의 개인 기도처가 되었다. 그곳에서 그는 그리스도인으로서의 삶의 첫발을 내디뎠다. 그리고 그곳에서 그의 평생 계속될 '하나님을 바라보는 삶'을 위한 기초를 놓았다.

토저는 평신도로서 열심히 전도했고, 교회는 그를 '기독교 선교연합'에 속한 교회로 옮겨 그의 은사들을 사용할 수 있도록 기회를 주었다. 그리고 그의 뛰어난 설교 능력을 인정한 지역 감독에 의해 1919년에는 웨스트버지니아 주 너터 포트에 있는 '기독교선교연합' 교회의 목회자로 임명되었다. 그 후 톨레도와 인디애나폴리스에서도 목회했고, 1928년에는 일리노이 주 시카고에 있는 사우스사이드 연합교회의 청빙을 받아들였다. 그 교회에서의 사역은 31년 동안 계속되었다. 그가 마지막으로 섬겼던 교회는 캐나다 온타리오 주 토론토에 있는 애버뉴 로드 연합교회였다.

토저는 시카고 교회에서 목회하던 중 여러 해에 걸쳐 WMBI(무디성경학교의 라디오 방송)를 통해서도 설교했다. 수천 명의 평신도와 목회자가 '목회자의 서재로부터 듣는다'라는 프로그램을 통해 그의 깊이 있는 성경강해를 정기적으로 들을 수 있었다.

곧 그의 탁월한 글솜씨도 그가 속한 교단에서 인정을 받았고, 결국에는 다른 모든 복음주의 교단들에서도 인정받게 되었다. 1950년 '기독교선교연합'의 총회는 그를 〈얼라이언스 위트니스〉(Alliance Witness: 현재는 〈얼라이언스 라이프〉라고 불린다)의 편집자로 세웠고, 그는 죽을 때까지 그 직책에 있었다.

토저는 하나님의 마음을 알기 위해 여러 해 동안 기도하고 열심히 연구해나갔다. 진리를 찾는 것과 하나님을 찾는 것이 그에게는 전혀 별개가 아니었다. 예를 들어, 셰익스피어의 위대한 영어 작품들을 이해해야 한다고 느꼈을 때에는 무릎을 꿇고 "하나님, 이 작품들의 의미를 잘 이해할 수 있도록 도우소서"라고 기도하면서 그것들을 통독했다. 이런 방법은 그의 전형적인 연구 방법이었다.

성령님과 훌륭한 서적들 외에 다른 스승은 없었지만 그는 신학자와 학자가 되었고, 영어를 아주 멋지게 사용하는 장인(匠人)이 되었다. 그의 글에는 인용문이 많이 나오지 않는다. 그는 자신이 읽은 모든 것을 완전히 자기의 것으로 만들어서 글을 썼기 때문이다. 그러니까 그는 여러 해 동안의 '기름부음 받은 연구'를 통해 발견한 진리의 원리들을 완전히 소화해서 간결하고 매력적인 언어로 자유롭게 표현했던 것이다! 그가 즐겨 연구했던 대상은 복음주의적 신비가들이었다. 배교와 영적 어둠이 만연했던 시대를 살면서도 영적 진리의 불을 계속 타오르게 했던 이들에게 배우며 그의 마음은 깊은 만족을 얻었다.

우리가 《하나님을 갈망하다》 곳곳에서 만나게 되는 질긴 고기, 즉 '단단한 음식'의 많은 부분은 토저 자신의 혹독한 시련에서 나왔다. '무소유의 복됨'이라는 제목이 붙은 2장에서 우리는 외동딸을 하나님께 바치려는 그의 필사적인 몸부림을 엿볼 수 있다. 그 몸부림은 그를 너무 힘들게 할 만큼 극심했지만, 하나님께 온전히 복종했을 때 그에게는 아름다운 자유가 찾아왔다. 하나님을 아는 법을 '현실 체험 학교'에서 배운 것이다!

1948년 초판 발행 이후 이 책은 수백 만 부가 인쇄되었고, 전 세계에서 몇 가지 언어로 번역 출판되었다. 토저의 모든 책들이 환영을 받지만, 특히 이 책은 그중에서도 최고의 환영을 받았다.

이 책을 쓰는 것 자체가 토저에게는 깊은 영적 체험이 되었다. 그의 전기를 쓴 사람 중 하나인 데이비드 J. 팬트 2세(Dr. David J. Fant Jr.)는 토저가 겪은 것을 이렇게 표현했다.

조금 과장해서 말하자면, 토저는 무릎을 꿇은 채 이 책을 썼다. 그렇기 때문에 이 책에서 그토록 큰 능력과 큰 복이 흘러나오는 것이다!

이 책이 계속 유익을 끼치는 이유는 "하나님을 찾으면 우리의 삶이 좁아지는 것이 아니라 오히려 가능한 최고의 단계까지 실현될 수 있다"라는 위대한 영적 진리를 토저가 발견했기 때문이다.

  A. W. 토저는 20세기의 선지자였다고 말할 수 있다. 현대 교회에게 "경건을 삶 속에서 실천하십시오. 그리고 사도 시대 이후 진지하게 하나님을 찾은 사람들이 누렸던 영적 수준까지 올라가십시오"라고 외쳤기 때문이다. 그가 남긴 저작의 유산들 중에서 이 책만큼 우리 마음속의 가장 깊은 필요를 분명히 드러내주는 책은 없다.

CONTENTS

영문판 편집자의 글
토저의 삶과 신앙
서문

01 part
영적 갈망을 회복하라

CHAPTER 1 하나님을 가까이 따르라   24

CHAPTER 2 무소유의 복됨   40

CHAPTER 3 영혼의 휘장을 걷어내라   56

CHAPTER 4 힘써 하나님을 알자   79

CHAPTER 5 여기 계시는 하나님   95

THE PURSUIT OF GOD

02 part 생동하는 믿음을 회복하라

CHAPTER **6** 하나님은 지금도 말씀하신다   114

CHAPTER **7** 마음의 눈으로 주님을 바라보라   130

CHAPTER **8** 창조주와 관계를 정립하라   150

CHAPTER **9** 온유와 안식   165

CHAPTER **10** 삶으로 드리는 성례전   176

서문

하나님의 불을 구하라

　어둠이 거의 모든 것을 덮고 있는 이때, 한 줄기 희망의 빛이 나타나더니 조금씩 강해지고 있다. 하나님을 향한 영적 굶주림을 점점 더 강하게 느끼는 사람들이 늘어날 조짐이 보수 기독교의 울타리 안에서 보이기 때문이다. 이런 사람들은 정말로 영적인 것들을 갈망하기 때문에 단순한 말에 속지 않으며, 진리의 정확한 해석만으로는 만족하지 않는다. 하나님을 향한 갈증이 너무 심하기 때문에, 생명수의 샘에서 실컷 마시기 전에는 만족을 모른다.

　이런 영적 갈증이 내가 이제까지 기독교계의 도처에서 감지

한 부흥의 유일한 징후다. 이 징후는 이곳저곳에서 소수의 성도가 기다려온 "사람의 손 만한 작은 구름"(왕상 18:44)이다. 이 구름이 자꾸 커지면 많은 심령이 다시 살아나고, '저 놀랍고 찬란한 일들'이 다시 일어날 것이다(이런 일들이 현재 교회에서는 거의 일어나지 않지만, 믿는 자들에게는 이런 일들이 마땅히 일어나야 한다).

우리의 종교 지도자들은 이런 영적 굶주림 자체에 대해 모르는 것 같다. 현재의 복음주의는 제단을 만들고, 제물을 여러 조각으로 쪼개놓았다. 그러고는 단지 제단의 돌들을 세거나 제물 조각들을 재배열하고 있을 뿐이다. 높은 갈멜 산 꼭대기에 불이 떨어질 조짐이 보이지 않는 것에 대해서는 전혀 신경 쓰지 않는다.

그러나 불이 떨어지지 않는 것에 대해 걱정하는 소수의 사람이 있음을 하나님께 감사한다. 이들은 제단을 사랑하고 제물을 기뻐하지만, 불이 떨어지지 않는 것을 참지 못한다. 이들은 하나님이 아니면 그 무엇에도 만족하지 못한다. 모든 거룩한 선지자들이 기록했고 시편 기자들이 노래한 그리스도의 사랑이 '뼛속까지 스며드는 감미로움'을 직접 맛보기 원하고, 또 원한다.

오늘날 그리스도의 교리 원리들을 정확히 설명해줄 성경 선생들이 없지는 않지만, 그들 중 너무 많은 이들이 매년 신앙의 기본들을 가르치는 것으로 만족하는 것 같다. 이상하게도 그들은 '하나님 임재의 나타남'이 그들의 사역에 없다는 것을, '뭔가 다른 것'이 그들 개인의 삶에 나타나지 않는다는 것을 의식하지 못한다. 신자들 가슴 속의 영적 갈망을 채워주지 못하면서 그저 가르침을 반복할 뿐이다.

나는 지금 비판하는 마음이 아니라 안타까운 마음으로 말하는 것이다. 하지만, 우리의 설교단에 중요한 그 무엇이 결여되어 있는 것은 사실이다. 밀턴의 준엄한 판단이 그의 시대뿐만 아니라 지금에도 그대로 들어맞는다.

"굶주린 양들이 시선을 설교단으로 향하지만 배부름을 얻지 못한다."

하나님의 자녀들이 아버지의 식탁에 앉아 있으면서도 굶주리는 것이 엄연한 현실이며, 하나님나라에서 결코 작지 않은 수치다. 웨슬리가 지적한 것이 이제 우리의 눈앞에 현실로 나타났다.

"정통, 즉 올바른 견해는 기껏해야 신앙에서 아주 작은 부분을 차지할 뿐이다. 올바른 견해가 없으면 올바른 마음을 계속 유지하는 것이 불가능하지만, 올바른 마음 없이도 올바른 견해만을 계속 갖고 있는 것은 가능하다. 하나님을 향한 사랑이나 올바른 마음 없이 그분에 대해 올바른 견해를 갖는 일이 일어날 수 있는데, 이에 대한 좋은 예가 바로 사탄이다!"

열심히 사역하는 성경협회들과 성경 배포를 위해 수고하고 열매를 거둔 여러 기관들 덕분에 오늘날 수백만의 사람들이 올바른 견해를 갖게 되었다. 아마도 교회 역사 가운데 그 어느 시대보다도 이런 사람이 더 많은 시대가 지금일 것이다. 그러나 참된 영적 경배가 지금보다 더 약했던 때가 과거에 있었던가? 교회의 중요한 영역들에서 올바른 예배가 완전히 사라져버렸고, 대신 '프로그램'이라는 이상하고 이질적인 것이 들어왔다. 본래 연극계에서 사용되던 이 단어가 교회로 들어와 공중예배에 적용되었고, 이렇게 '슬픈 지혜'를 거쳐 탄생한 이상한 예배가 지금은 진짜 예배로 통하고 있다.

올바른 성경 해석은 살아 계신 하나님의 교회에 절대적으로 필요한 것이다. 엄밀히 따지자면 이것이 없는 교회는 '신약의 교회'라고 할 수 없다. 그럼에도 참된 영적 영양분을 전혀 제공하지 못하는 메마른 성경 해석이 있을 수 있다는 것이 우리의 문제다.

영혼에게 양식을 주는 것은 어떤 말이 아니라 하나님 자신이시다. 청중이 개인적인 경험을 통해 그분을 만나지 못한다면, 단지 진리를 듣는 것은 그들의 심령 상태를 전혀 향상시키지 못한다. 성경은 그 자체가 목적이 아니라 하나님을 깊이, 제대로 알도록 이끌어주는 수단일 뿐이다. 그분을 깊이, 제대로 알 때 비로소 그분과 공감하고, 그분의 임재를 기뻐하며, 마음속 가장 깊은 곳에서 그분의 본질적인 감미로움을 맛보아 알게 된다.

　굶주린 하나님의 자녀들이 이렇게 체험적으로 그분을 알도록 돕겠다는 소박한 마음에서 시도한 것이 바로 이 책이다. 이 책이 어떤 새로운 것을 말하지는 않는다. 다만, 내게 큰 기쁨과 놀라움을 안겨준 신령한 것들을 통해 얻게 된 깨달음이 담겨 있다는 것이 이 책의 새로운 점이다. 물론, 이미 과거의 성도들이 이 거룩하고 신비로운 것들을 나보다 훨씬 더 깊이 탐구한 것은 사실이다. 하지만 내 불이 크지 않을지는 몰라도 진정으로 타오르는 불이다. 이 불을 옮겨 촛불을 밝히는 사람들이 생길 것이다.

1948년 6월 16일
일리노이 주 시카고에서
A. W. 토저

THE PURSUIT OF GOD

PART 1

영적 갈망을
회복하라

하나님을
가까이 따르라

나의 영혼이 주를 가까이 따르니 주의 오른손이 나를 붙드시거니와

시 63:8

    기독교 신학은 '선행적(先行的) 은혜'라는 것을 가르친다. 간단히 말하자면, 인간이 하나님을 찾기 전에 그분이 먼저 인간을 찾으셔야 한다는 것이다. 죄에 물든 인간이 하나님에 대해 올바른 생각을 하려면 그 전에 먼저 그 사람에게 빛이 비춰지는 일이 일어나야 한다. 이 조명(照明) 하나로 모든 것이 다 해결되는 것은 아니겠지만, 그래도 이 조명은 참된 것이다. 이 조명이 있은 후에 인간의 마음이 움직여 하나님을 찾으며 기도하게 된다면 그것은 이 조명의 은밀한 결과다.

    우리가 그분을 찾는 것은 그런 충동을 그분이 먼저 우리 안

에 불어넣으셨기 때문이다. 그분이 먼저 그렇게 하지 않으신
다면 우리는 절대 그분을 찾지 않는다. 우리 주님은 "나를 보
내신 아버지께서 이끌지 아니하시면 아무도 내게 올 수 없으
니"(요 6:44)라고 말씀하셨다. 바로 이 '선행적 이끄심'이 있기
에 하나님은 우리가 그분께 나아가는 것을 절대 우리의 공로
로 간주하지 않으신다.

그분을 찾겠다는 충동은 그분에게서 시작된다. 하지만 그
충동을 따라 목적지에 도달하려면 그분을 가까이 따라야 한
다. 그분을 찾아가는 내내 우리는 이미 그분의 손 안에 있다.
그렇게 때문에 시편 기자는 "주의 오른손이 나를 붙드시거니
와"(시 63:8)라고 말한다. 하나님이 붙드시는 것과 인간이 그
분을 따르는 것 사이에는 아무런 모순이 없다. 모든 것이 그
분에게서 나오며, 폰 휘겔(von Hügel)의 말처럼 그분이 언제나
앞서 가시기 때문이다.

그러나 실제적으로는, 즉 하나님의 선행적 행하심이 인간의
현재적 반응과 만나는 곳에서는 인간이 그분을 찾아야 한다.
그분의 은밀한 이끄심이 우리의 하나님 체험을 통해 확인되기
위해서는 우리가 그분의 이끄심에 적극적으로 반응해야 한다.
그분의 이끄심과 우리의 반응이 가슴 푸근한 감정적 언어로

표현된 것이 시편 42편 1,2절이다.

"하나님이여 사슴이 시냇물을 찾기에 갈급함같이 내 영혼이 주를 찾기에 갈급하니이다 내 영혼이 하나님 곧 살아 계시는 하나님을 갈망하나니 내가 어느 때에 나아가서 하나님의 얼굴을 뵈올까"(시 42:1,2).

또한 이것은 "주의 폭포 소리에 깊은 바다가 서로 부르며"(시 42:7)라는 말로 표현되었는데, 그분을 갈망하는 사람이라면 이 말의 의미를 이해할 것이다.

인격이신 하나님과 소통하라

'믿음으로 의롭다 함을 얻는다'라는 성경의 진리는 열매 맺지 못하는 율법주의와 무익한 인간적 노력에서 우리를 건져주는 복된 소식이다. 그런데 이 교리가 악한 무리의 손으로 넘어갔다.

오늘날 많은 이들이 갖고 있는 이신칭의의 개념은 사람들이 하나님을 알지 못하도록 가로막고 있다. '회심'이라는 것도 기계적으로 뚝딱 처리되기 때문에 아무런 힘을 발휘하지 못한다. 지금 사람들은 윤리 문제에서 어떤 갈등도 느끼지 않으면서 믿음을 행사한다. 아담의 죄성을 물려받은 자아를 전혀 불편하게 하지 않는 선에서 믿음생활을 하는 것이다. 그리스도를 향한 뜨거운 사랑이 그분을 영접했다는 사람들에게서 발견되지 않는다. 구원받았다는 사람들에게 하나님을 향한 목마름과 굶주림이 없다. 심지어는 "너무 잘 믿을 것 없고 작은 믿음에 만족해도 됩니다"라고 가르치는 이상한 사람들도 있다.

현대의 과학자는 하나님이 만드신 세상의 기이한 것들 속에서 헤매느라고 오히려 그분을 잃어버렸다. 그리스도인들은 그분의 기이한 말씀의 홍수 속에서 오히려 그분을 잃어버릴 위험에 처해 있다. 그분이 인격적 존재이시기에 그분과 우리 사이에 인격적 만남의 관계를 가꾸어 나갈 수 있다는 개념은 오늘날 찾아보기 힘들다. 인격적 존재는 본래 다른 인격적 존재를 알 수 있는 능력을 가지고 있지만, 서로 간에 충분히 알려면 단 한 번의 만남으로는 부족하다. 서로를 충분히 알려면 오랜 세월 사랑의 만남을 지속해야 한다.

인간의 모든 사회적 관계는 하나의 인격체가 다른 인격체에게 반응할 때 생겨난다. 사람과 사람 사이의 아주 사소한 다툼의 경우에도 그렇고, 인간의 마음이 도달할 수 있는 지극히 깊고 충만한 교제의 경우에도 그렇다. 종교의 본질은 창조된 인격체가 창조주, 즉 하나님께 반응하는 것이다(물론, 이것은 참된 종교에 해당되는 말이다).

"영생은 곧 유일하신 참 하나님과 그가 보내신 자 예수 그리스도를 아는 것이니이다"(요 17:3).

하나님은 인격체이시다. 그분의 본성 깊은 곳에서 그분은 다른 인격체들처럼 생각하고, 의지를 가지시며, 즐거워하고, 느끼고, 사랑하시며, 무엇인가를 바라고, 고통당하신다. 그분은 자신을 우리에게 알리실 때 그런 인격체의 특징을 여실히 보여주신다. 그분은 우리의 지성과 감정과 의지를 통로로 사용해 우리와 소통하신다. 속량 받은 인간의 마음과 하나님 사이에 사랑과 생각의 소통이 당혹감 없이 늘 지속되는 것이야말로 신약성경이 가르치는 신앙의 가슴 설레는 요체(要諦)이다.

인간의 영혼과 하나님 사이의 이런 소통은 우리가 의식할 수 있는 것이다. 이것은 비신체적(非身體的)인 것이므로 신체를 통해 신자에게 찾아오지는 않지만, 그래도 알 수 있다. 그리고 이것은 소통하는 그 사람의 신체에 영향을 주기도 한다. 이것은 의식적(意識的)인 것이다. 그러므로 의식 아래에 머물면서 본인도 모르게 일어나는 것이 아니다(어떤 이들은 유아세

례가 이렇게 의식 아래에서 일어난다고 믿는다). 이것은 의식의 영역에서 일어나는 것이기에 다른 일반적 경험처럼 당사자가 알 수 있다.

거룩한 역설의 사람들

죄를 제외하고 생각한다면, 당신과 나는 하나님의 축소판이다. 그분의 형상으로 지음 받은 우리 안에는 그분을 알 수 있는 능력이 잠재되어 있다. 하지만 죄가 그 능력의 실현을 가로막고 있는 것이다. 그런데 성령께서 중생을 통해 우리를 영적으로 다시 살리시면 우리의 온 존재는 그분과의 유사성을 느끼고 깨달으며 기쁨으로 충만해진다. 이것이 하늘에서 내린 출생이며, 이 출생이 없으면 누구도 하나님의 나라를 볼 수 없다.

이 출생은 끝이 아니라 시작이다. 이 출생과 더불어 영광스런 탐험이 시작되기 때문이다. 이 탐험은 하나님의 무한한 부요의 세계 안으로 즐겁게 나아가는 것이다. 이 출생에서 시작된 탐험이 어디에서 끝나는지 알아낸 사람은 아직 아무도 없다. 삼위일체 하나님의 깊고 경이로운 신비는 한도 끝도 없기 때문이다.

오, 끝없는 대양이시여!
누가 당신을 다 측량할 수 있겠습니까?
위엄의 하나님이시여!
당신의 영원함이 당신을 두르고 있습니다.

'하나님을 찾았지만 또 계속 찾는다'는 것은 신앙인의 사랑의 역설(逆說)이다. 신앙심이 돈독한 체하면서 현재 상태에 쉽게 안주하는 사람들은 이런 역설을 비웃을 것이다. 하지만 믿음으로 불타는 그분의 자녀들은 복된 경험을 통해 이 역설을 충분히 이해한다. 성 버나드(St. Bernard, 1090~1115. 클레르보의 대수도원장)는 모든 예배자가 곧바로 이해할 수 있는 4행시(quatrain)를 통해 이 거룩한 역설을 이렇게 노래했다.

우리는 주님을 맛보았습니다. 오, 생명의 떡이시여!
그럼에도 여전히 원없이 먹고 싶습니다.
우리는 주님을 마셨습니다. 생명의 샘이시여!
그럼에도 우리 영혼을 당신으로 더욱 채우기를 갈망합니다.

옛적 거룩한 사람들에 대해 자세히 알아보라. 그러면 즉시 하나님을 찾았던 그들의 뜨거운 열정을 느낄 수 있을 것이다. 그들은 그분 때문에 슬퍼하고, 밤낮으로 기도하며, 그분과 씨름하면서 그분을 찾았다. 때를 얻든지 못 얻든지 그렇게 했다. 결국 그분을 찾았을 때의 기쁨은 영적 씨름의 오랜 시간에 비례해서 더욱 더 컸다.

모세는 그가 하나님을 안다는 사실을 근거로 내세워 그분을 더욱 잘 알게 해달라고 기도했다. 그는 "내가 참으로 주의 목전에 은총을 입었사오면 원하건대 주의 길을 내게 보이사 내게 주를 알리시고 나로 주의 목전에 은총을 입게 하시며 이 족속을 주의 백성으로 여기소서"(출 33:13)라고 기도했고, 한 걸음 더 나아가 "주의 영광을 내게 보이소서"(출 33:18)라고 담대히 구했다. 하나님은 그의 뜨거운 열정을 기뻐하신다는 것을 숨기지 않으셨고, 그 다음 날 그를 산으로 부르셨다. 그리고 엄숙한 분위기 속에서 그분의 모든 영광이 그의 앞으로 지나가게 하셨다.

다윗의 생애는 영적 갈망으로 가득 차 있었다. 그의 시편들에서 들을 수 있는 소리는 하나님을 찾는 자의 부르짖음이요, 그분을 찾은 자의 기쁨의 환호다.

바울은 그의 삶을 이끌어나가는 가장 큰 동력이 그리스도를 따라가기 원하는 불타는 열정이라고 고백했다. 그리스도를 알고자 하는 큰 소원(빌 3:10)을 이루기 위해 다른 모든 것을 희생했다. 그리고 "또한 모든 것을 해로 여김은 내 주 그리스도 예수를 아는 지식이 가장 고상하기 때문이라 내가 그를 위하여 모든 것을 잃어버리고 배설물로 여김은 그리스도를 얻고 그 안에서 발견되려 함이니 내가 가진 의는 율법에서 난 것이 아니요 오직 그리스도를 믿음으로 말미암은 것이니"(빌 3:8,9)라고 선언했다.

거룩한 갈망을 잃어버린 세대

하나님을 향한 갈망의 향기가 물씬 풍기는 찬송가들을 부르는 사람은 그들이 이미 찾은 분을 또 찾는 역설의 주인공들이다. 불과 한 세대 전만 해도 우리 믿음의 조상들은 "그분의 발자국이 눈에 보이니, 따르리라"라고 노래했다. 하지만 오늘날에는 큰 교회에서도 이런 찬송을 들을 수가 없다. 이 어두운 시대의 선생들이 '하나님 찾기'를 끝내버린 것은 참으로 비극이 아닐 수 없다. 이 선생들은 "그리스도를 영접하면 모든 것이 끝납니다"라고 가르친다.

'우리 영혼에 하나님이 계속적으로 나타나시기를 사모해야 한다'는 생각을 오늘날 더 이상 찾아볼 수 없게 된 것은 정말 슬픈 일이다. 우리는 일단 하나님을 찾았다면 더 이상 찾을 필요가 없다는 교묘한 거짓의 덫에 걸려 있다. 그런데 이 거짓 논리는 정통주의가 우리에게 가르쳐준 마지막 말이다. 사람들은 성경을 배운 그리스도인이라면 언제나 이 논리를 붙들었다고 생각한다. 그래서 예배와 찬양과 하나님 찾기에 몰두하는 신앙인들이 아무리 간증을 해도 콧방귀도 안 뀐다. 믿음의 향기를 발하는 무수한 성도의 체험에서 나오는 '마음의 신학'은 배척되고, 대신 '자기만족에 빠진 성경해석'이 환영받는다. 어거스틴이나 루더포드(Rutherford, 1600~1661. 스코틀랜드의 장로교 신학자)나 브레이너드(Brainerd, 1718~1747. 북아메리카 인디언을 상대로 선구적인 선교활동을 한 사람) 같은 사람이 이런 성경해석을 들었다면 아주 이상하게 여겼을 것이다.

하지만 이렇게 영적 찬바람이 쌩쌩 부는 이 시대에도 얄팍한 구원의 논리에 만족하지 않는 사람들이 있는 것을 볼 때 나는 기뻐하지 않을 수 없다. 그들은 논리의 힘은 인정하지만 거기에 머물지 않고 한적한 곳을 찾아 밖으로 나가 눈물을 흘리며 "오, 하나님! 당신의 영광을 보여주소서!"라고 기도한다. 그들은 '하나님'이라는 불가사의한 존재를 맛보고, 마음으로 만지고, 영혼의 눈으로 보기 원한다.

나는 하나님을 향한 이런 위대한 갈망이 일어나는 환경을 만들어주고 싶다. 이런 갈망이 없기 때문에 지금 우리가 영적으로 초라한 상태에 있는 것이다. 우리의 신앙생활이 이토록 형편없이 축 처지게 된 것은 거룩한 갈망이 없기 때문이다. 자만은 모든 영적 성장의 원수다. 불타오르는 갈망이 없으면 그리스도께서 그분의 사람들에게 나타나시지 않는다. 그분은 그분을 간절히 원하는 자들을 찾으신다. 그러나 그분이 우리 중 많은 이들을 오랫동안, 너무나 오랫동안 헛되이 기다리고 계신 이 상황들은 정말 비극이다.

각 시대마다 나름대로의 특징이 있는데, 이 시대의 특징은 우리가 '복잡해진 신앙'의 덫에 걸려 있다는 것이다. 그리스도 안에 있는 '단순한 신앙'을 발견하기가 어렵다. 대신 각종 프로그램, 방법론, 단체들 그리고 부산스런 활동들이 그 자리를 차지하고 있다. 하지만 이런 것들은 사람들의 시간과 관심을 빼앗을 뿐 마음속 깊은 소원을 풀어주지는 못한다. 목적 달성을 위해 세상의 방법을 따라가는 굴욕적 모방, 얄팍한 내적 체험, 그리고 공허한 예배는 우리의 영적 현주소를 말해준다. 현재 우리는 하나님을 불완전하게 알 뿐 그분의 평안은 거의 맛보지 못한다.

오직 하나님께 집중하라

온갖 외형적인 것들에 둘러싸인 우리가 하나님을 만나려면 먼저 그분을 찾겠다고 굳게 결심해야 하고, 그 다음에는 단순한 방법으로 노력해야 한다. 언제나 그렇듯이 지금도 하나님은 어린아이들에게 자신을 나타내시고, 지혜롭고 슬기 있는 자들에게는 깊은 어둠 속에 숨기신다. 그분께 나아가는 방법을 단순화시키자. 잡다한 것들을 버리고 핵심적인 것들을 추려내자. 감사하게도, 핵심적인 것들은 몇 개 안 된다. 남들에게 보이려는 짓을 그만두자. 어린아이처럼 순진하고 솔직해지자. 그러면 하나님이 즉시 만나주실 것이다.

신앙이라는 것이 복잡하고 거창한 것 같지만, 사실 하나님 한 분이면 다 해결된다. 하나님에 자꾸 다른 것을 보태려는 나쁜 습관 때문에 그분을 온전히 만나는 것이 오히려 불가능해진다. 이런 사고방식 때문에 비극이 시작된다. 이것을 떼어버리면 즉시 그분이 보인다. 그분을 발견한다면, 평생 마음속 가장 깊은 곳에서 추구해온 것을 얻게 되는 것이다.

'오직 하나님만 추구하면 생활의 폭이 좁아지거나 정신적으로 편협해지는 것이 아닌가' 하는 염려는 집어치워라. 오히려 그 반대가 될 것이니 걱정하지 말라. 그분을 우리의 모든 것으로 삼고, 그분께 집중하며, 그분 한 분을 위해 다른 많은 것을 희생해도 전혀 문제가 없다. 그러니 안심하라.

예스런 멋을 풍기는 옛 잉글랜드의 고전적 작품 《미지(未知)의 구름》(The Cloud of Unknowing)의 저자는 하나님을 어떻게 찾아야 할 지 우리에게 가르쳐준다.

사랑의 감정을 조용히 자극하면서 하나님을 향해 당신의 마음을 들어 올려라. 그렇게 할 때에는 '그분이 주실 것'에서 신경을 끊고, 오직 그분께 집중하라. 물론, 그분이 아닌 그 밖의 어떤 생각도 거부하라. 그렇게 할 때 당신의 지혜나 의지가 아니라 그분이 이루신다. 이런 영혼의 노력은 그분이 기뻐하시는 것이다.

또한 이 책의 저자는 기도할 때 잡다한 것들을 떨쳐버리라고, 심지어 신학에도 집착하지 말라고 조언하면서 "하나님 외에 다른 것을 쳐다볼 필요 없이 오직 그분만을 똑바로 바라보면 충분하다"라고 말한다. 이 사람의 모든 사고의 밑바닥에는 신약성경의 진리가 폭넓게 자리 잡고 있는데, 이것은 그가 하나님을 가리켜 "우리를 만드시고, 속량하시며, 우리의 처지에 맞춰 은혜 가운데 우리를 부르신 분"이라고 부르는 데서 잘 드러난다. 그리고 그는 간략한 표현으로 진리의 핵심을 찔러 우리에게 이렇게 말한다.

신앙을 한 단어에 담아서 간단히 표현하기 원한다면(그렇게 하려면 신앙에 대해 정확히 꿰뚫고 있어야 한다), 한 음절의 짧은 단어를 선택해야 할 것이다. 두 음절보다는 한 음절이 더 좋다(이는 영어를 기준으로 말하는 것이다 - 역자 주). 그 단어가 짧을수록 성령의 일하심에 더욱 잘 부합한다. 그런 단어를 찾자면 바로 이 단어다. '하나님'(GOD) 또는 '사랑'(LOVE)이 그것이다!

여호와께서 이스라엘 지파들에게 가나안 땅을 분배하실 때 레위 지파에게는 땅을 주지 않으셨다. 대신 아론에게 "내가 … 네 분깃이요 네 기업이니라"(민 18:20)라고 말씀하셨다. 이 말씀으로 인해 아론은 그의 모든 형제들보다 더 부요하게, 아니 세상에 살았던 모든 왕과 라자(raja: 인도에서 왕이나 왕자를 가리키는 말 - 역자 주)보다 더 부요하게 되었다. 여기에는 하나의 영적 원리가 작용하는데, 이 원리는 지극히 높으신 하나님의 모든 제사장에게 여전히 유효하다.

하나님을 자기의 보화로 삼은 사람은 그분 안에서 모든 것을 얻는다. 세상의 일반적 보화들이 그에게 허락되든 허락되지 않든 간에 그것들에 대한 그의 집착이 아주 약해지기 때문에 그것들 없이도 얼마든지 행복할 수 있다. 게다가 그것들이 하나씩 사라진다 해도 상실감을 거의 느끼지 않게 된다. 만유의 근원이신 분이 함께하시는 그에게는 그분이 모든 기쁨이요 만족이요 즐거움이 되기 때문이다. 무엇을 잃어버렸다 해도 아무것도 잃어버린 것이 아니다. 모든 것이 하나님 한 분 안에 다 있기 때문이다. 하나님 안에서 그가 소유한 것은 순수하고 정당하고 영원하다.

●

하나님! 당신의 선하심을 맛봄으로 만족을 얻었지만, 그럼에도 당신의 선하심에 더욱 목마르게 되었습니다. 제게 은혜가 더욱 필요하다는 것을 뼈아프게 느낍니다. 은혜를 사모하는 마음이 부족한 것이 부끄럽습니다. 오, 하나님, 삼위일체 하나님! 당신을 원하는 마음을 갖기 원합니다. 당신을 향한 갈망으로 충만해지기를 갈망합니다. 당신을 향해 더욱 목마르기를 목마르게 바랍니다. 당신의 영광을 보이셔서 당신을 확실히 알게 해주시길 기도합니다. 자비를 베푸셔서 사랑의 일을 제 안에서 시작하소서. 제 영혼에게 "내 사랑아, 내 아름다운 자여, 일어나 함께 떠나자"라고 말씀해주소서. 그리고 일어나 당신을 따르도록 은혜를 주소서. 그렇게 해주신다면 그토록 오랜 세월 방황해온 이 안개 낀 낮은 곳을 떠나 당신을 끝까지 따를 것입니다. 예수님의 이름으로 기도합니다. 아멘.

무소유의 복됨

> 심령이 가난한 자는 복이 있나니 천국이 그들의 것임이요 마 5:3

이 땅 위에 인간을 만드시기 전, 주 하나님께서 먼저 준비하신 것이 있다. 그것은 인간이 생명을 유지하며 기쁘게 살아가는 데 필요한 즐겁고 유익한 것들이었다. 창세기의 창조 기사에는 '사물'(事物)이라고 기록되어 있는 이것들은 인간이 사용하도록 창조되었지만, 어디까지나 인간의 외부에 있으면서 그에게 복종해야 했다. 인간의 마음 깊은 중심에 있는 성소에는 오직 하나님만 들어오실 수 있었다. 인간 안에는 그분이 계셨고, 인간 밖에는 그분이 선물로 주신 무수한 것들이 있었다.

그러나 죄가 아주 복잡한 문제를 일으켰다. 하나님이 선물로 주신 것들이 죄로 인해 사람의 영혼을 파멸로 몰아넣을 수 있는 것으로 변질하고 말았다.

하나님이 인간의 마음 중심에서 밖으로 나가시고, 대신 사물이 내부로 들어오게 되면서 인간의 비극이 시작되었다. 사물은 인간의 내부를 점령했다. 이제 인간의 마음 안에는 본질적으로 평안이 없게 되었다. 이는 하나님의 왕좌가 사라지고, 대신 도덕적 암흑이 그 자리를 차지했기 때문이다. 그 암흑 속에서는 고집스럽고 공격적인 세력들이 왕좌의 첫 번째 자리를 찬탈하기 위해 서로 싸우고 있다.

내 안에 둥지를 튼 원수

이런 얘기는 단지 비유적인 표현이 아니라 실제 우리의 영적 문제를 정확히 분석한 것이다. 소유하고 또 소유하고 언제나 소유하려는 타락한 생명의 질기고 질긴 뿌리가 인간의 마음속 깊은 곳까지 뻗어 있다. 이것은 사물을 향한 깊고 맹렬한 소유욕으로 불탄다. '나의'(my)와 '나의 것'(mine)이라는 대명사가 이런저런 글들에 등장할 때에는 아무 문제가 없는 것처럼 보이지만, 실제 삶 속에서 지속적으로 폭넓게 사용된다는 점에서 큰 우려를 불러일으킨다.

이런 대명사는 옛 아담에게서 유래된 인간의 본질을 천 권의 신학책보다 더 잘 드러낸다. 우리가 가진 깊은 질병의 증상이 말을 통해 나타나는 것이다. 우리 마음의 뿌리들이 점점 자라서 사물에 박혀 있지만, 우리는 잔뿌리 하나라도 뽑으면 죽을까봐 감히 손도 대지 못한다. 이제 우리는 사물이 없으면 못 사는 신세가 되었다. 그분의 선물들이 그분을 밀어내고 그 자리를 대신 차지했고, 자연의 모든 부분은 이런 괴물 같은 '자리바꿈'으로 인하여 엉망이 되었다. 이것은 본래 하나님이 의도하신 것이 아니다.

이런 폭군 같은 사물의 지배는 제자들에게 주신 주님의 말씀에서도 아주 잘 드러난다.

"누구든지 나를 따라오려거든 자기를 부인하고 자기 십자가를 지고 나를 따를 것이니라 누구든지 제 목숨을 구원하고자 하면 잃을 것이요 누구든지 나를 위하여 제 목숨을 잃으면 찾으리라"(마 16:24, 25).

이 진리를 좀 더 잘 이해하기 위해 차근차근 생각해보자. 이 말씀에 비추어볼 때, 결국 각 사람 안에는 스스로를 위험에 빠뜨리는 적(敵)이 자신의 묵인 하에 둥지를 틀고 있는 것이다. 예수님은 이 적을 '목숨'이나 '자기'라고 표현하셨다. 나는 '자기중심적 삶'(self-life)이라고 부르고 싶다. 이것의 주요 특징은 소유욕으로, '소득'이나 '이익'이라는 표현에서 잘 드러난다.

이 원수가 자꾸 커지도록 내버려두면 결국에는 모든 것을 잃게 된다. 하지만 이 적을 거부하고 그리스도를 위해 모든 것을 바치면 아무것도 잃지 않고 오히려 모든 것을 얻어 영생에 이르게 된다. 이 원수를 멸할 수 있는 유일한 방법은 "자기 십자가를 지고 나를 따를 것이니라"라는 주님의 말씀에 암시되어 있다. 그것은 이 원수를 십자가에 못 박는 것이다!

하나님을 더 깊이 알 수 있는 길은 모든 것을 포기하고 가난한 심령으로 외로운 골짜기를 통과하는 것이다. 모든 외적인 것들을 거부하고 마음에서 소유욕을 전부 뿌리 뽑은 사람들이 하나님의 나라를 소유하는 복된 자들이다. 이들이 '심령이 가난한 자들'이다. 이들은 거리에서 흔히 볼 수 있는 거지들의 물질적 가난에 필적하는 심령의 가난에 도달한 자들이다. 그리스도께서 "심령이 가난한 자는 복이 있나니"(마 5:3)라고 말씀하실 때 의미하신 가난이 바로 그런 것이다.

이런 복된 가난은 폭군처럼 군림하려는 사물에게 더 이상 종노릇하지 않는다. 오히려 압제자의 멍에를 부숴버린다. 이렇게 할 수 있는 것은 '싸움'을 통해서가 아니라 '복종'을 통해서다. 모든 소유욕에서 자유롭지만 그럼에도 불구하고 사실상 모든 것을 소유한다. 그렇다! 천국이 그들의 것이다!

나는 당신이 이 깊은 진리를 진지하게 받아들이길 바란다. 이 진리가 살아 활동하지 못하는 수많은 교리들과 함께 마음 한 구석에 처박힌 성경의 교훈이 되지 않길 바란다. 이것은 우리를 푸른 초장으로 인도하는 이정표이고, 우리가 하나님의 산을 오를 수 있도록 가파른 절벽에 깎아 만든 등산로다. 그분을 찾아가는 거룩한 여행을 끝까지 마치려는 자는 결코 이것을 피해갈 수 없다. 한 번에 한 걸음씩 가면 된다. 한 걸음 내딛기를 거부한다면, 여정 전체를 포기하는 것과 같다.

아브라함과 이삭 사이에 개입하시다

종종 그러하듯이, 신약에 나타난 이런 영적 삶의 원리를 설명해주는 좋은 예는 구약에서 발견된다. 아브라함과 이삭의 이야기는 하나님께 바쳐진 삶이 어떤 것인지를 극적으로 보여주며, 팔복의 첫 번째 복을 탁월하게 설명해준다.

아브라함은 노년에 이삭을 낳았다. 사실, 아주 나이가 많았기 때문에 이삭의 할아버지라고 해도 사람들이 믿을 판이었다. 아들 이삭은 태어나면서부터 아버지 아브라함의 기쁨이며 우상이 되었다. 허리를 굽혀 그 작은 갓난아기를 어색한 자세로 처음 안았을 때부터 아브라함은 이삭을 향한 열렬한 사랑의 노예가 되었다. 하나님은 이삭을 향한 아브라함의 이런 뜨거운 애정에 개입하셨다. 이해하기 어려운 일은 아니다. 아기 이삭은 아브라함이 신성하게 여기는 모든 것들, 즉 하나님의 약속들, 언약들, 여러 해 품어온 소망, 오랜 메시아의 비전 같은 것을 한 몸에 담고 있는 존재였다.

이삭이 자라서 청년이 되는 것을 지켜보던 늙은 아브라함은 이삭의 목숨에 점점 더 간절히 집착하게 되었고, 결국 이 두 사람의 관계는 위험 수위에 이르게 되었다. 바로 그때 하나님께서 개입하셨다. '정결케 되지 못한 사랑'의 비극적 결과들을 피하도록 하기 위함이었다.

하나님은 아브라함에게 "여호와께서 이르시되 네 아들 네 사랑하는 독자 이삭을 데리고 모리아 땅으로 가서 내가 네게 일러준 한 산 거기서 그를 번제로 드리라"(창 22:2)라고 말씀하셨다. 성경의 기록자는 그날 밤 브엘세바 근처에서 한 노인이 갈등을 끝내기 위해 하나님과 씨름하면서 겪었던 고뇌를 클로즈업해서 보여주지는 않는다. 그러나 우리가 경의(敬意)

에 찬 상상력을 발휘한다면, 홀로 별빛을 받으며 몸을 구부리고 고통스런 기도의 싸움을 하는 아브라함의 모습에서 일종의 경외감마저 느낄 수 있을 것이다.

인간의 영혼이 그렇게 지독한 고통을 맛본 사건은 아마도 '아브라함보다 더 크신 분'이 겟세마네 동산에서 기도로 씨름하실 때까지는 다시 없었다. 아브라함은 차라리 자기가 죽는 것이 더 낫다고 생각했을 것이다. 그 편이 훨씬 더 쉬웠을 것이다. 천 번이라도 말이다. 하나님과 그토록 오랜 세월 동행해 온 아브라함에게는 죽음이 그렇게 큰 고통으로 다가오지 않았을 것이기 때문이다. 더욱이, 흐려지는 시선을 아들의 건장한 모습에 고정시킨 채 생을 마감하는 것도 나름대로 아름다운 종말이 될 수 있었을 것이다. 그렇게 자신은 세상을 떠날지라도 이삭이 죽지 않고 살아서 그의 혈통을 계속 이어나간다면, 결국 오래전에 갈대아인의 우르에서 그에게 주어진 하나님의 약속들이 성취되는 길이 열리는 것 아니겠는가?

아브라함이 어떻게 그의 아들을 죽일 수 있었겠는가? 설사 상처받고 항의하는 자신의 마음을 겨우 달래서 결심을 굳힌다 할지라도, "이삭에게서 나는 자라야 네 씨라 부를 것임이니라"(창 21:12)라는 하나님의 약속은 어떻게 되는 것인가?

단번에 승리하신 하나님

아브라함은 이런 불같은 시험을 당했지만 그 시련의 용광로에서 실패하지 않았다. 이삭이 곤히 자고 있는 장막 위에서 별빛이 날카로운 작은 흰색 점(點)같이 여전히 반짝이고 있을 때, 동녘을 밝혀줄 잿빛 여명이 찾아오려면 아직 시간이 많이 남아 있었을 때, 노년의 성도는 드디어 결심에 이르렀다. 하나님의 명령대로 아들을 제물로 바치고, 그분이 그를 죽은 자 가운데서 다시 살리실 것을 믿겠다고 말이다. 히브리서 기자의 말에 의하면, 고뇌하던 아브라함은 어두운 밤의 어느 시점에 이 방법을 깨달았다.

그는 이 방법을 실천에 옮기려고 "아침에 일찍이"(창 22:3) 일어났다. 여기서 우리가 볼 수 있는 아름다운 점은 그가 하나님의 방법을 정확히 알지는 못했지만, 그분의 큰 마음에 담긴 깊은 비법을 정확히 느꼈다는 것이다. 그 비법은 "누구든지 나를 위하여 제 목숨을 잃으면 찾으리라"(마 16:25)라는 신약의 교훈과 정확히 일치한다.

하나님은 시험의 고통 가운데 있는 아브라함이 이 방법을 밀고 나가도록 내버려두셨다가, 그가 결코 돌이키지 않을 것임을 확인하신 순간 "그 아이에게 네 손을 대지 말라"(창

22:12)라고 말씀하셨다. 어리둥절해하는 아브라함에게 하나님은 다음과 같은 취지로 말씀하셨다.

"아브라함아, 이제 됐다. 네가 네 아들을 정말로 죽이는 것이 내 본래의 뜻은 아니었다. 내가 원한 것은 네 마음의 성전에서 오직 나 혼자 왕 노릇 하기 위해 그 아이를 성전 밖으로 내보내는 것뿐이었다. 네 마음에서 사랑의 대상이 뒤바뀐 것을 바로 잡기 원했을 뿐이다. 이제 네 아이는 건강한 모습 그대로 네 것이다. 그 아이를 데리고 네 장막으로 돌아가라. '네가 네 아들 네 독자까지도 내게 아끼지 아니하였으니 내가 이제야 네가 하나님을 경외하는 줄을 아노라'(창 22:12)."

그리고 하늘이 열리고 아브라함에게 다시 음성이 들렸다.

"이르시되 여호와께서 이르시기를 내가 나를 가리켜 맹세하노니 네가 이같이 행하여 네 아들 네 독자도 아끼지 아니하였은즉 내가 네게 큰 복을 주고 네 씨가 크게 번성하여 하늘의 별과 같고 바닷가의 모래와 같게 하리니 네 씨가 그 대적의 성문을 차지하리라 또 네 씨로 말미암아 천하 만민이 복을 받으리니 이는 네가 나의 말을 준행하였음이니라 하셨다 하니라"(창 22:16-18).

이 노년의 하나님의 사람은 하늘로부터 오는 음성을 듣기 위해 머리를 들었다. 이제 그 산에 서 있는 사람은 강하고 순수하고 큰 사람이요, 주님의 특별한 관리를 받게 된 사람이요, 지극히 높으신 분의 친구요, 그분의 총애를 받는 사람이 되었다. 이제 온전히 복종하는 자요, 전적으로 순종하는 자요, 아무것도 소유하지 않은 자가 되었다. 그때까지 그는 자신의 모든 것을 사랑하는 아들에게 쏟아부었지만, 이제는 하나님이 그의 모든 것이 되셨다.

물론 하나님은 아브라함의 삶의 가장자리에서부터 시작하여 점점 안쪽으로 들어와 그의 중심을 차지하는 방법을 사용하실 수도 있었지만, 그런 방법 대신 곧장 중심으로 들어와 한 번의 확실한 '잘라냄'(切除)으로 승리하셨다. 이것은 그분이 방법과 시간을 절약하신 것이다. 아주 고통스런 것이지만 효과는 완벽했다.

가난한 자의 부유함

조금 전에 나는 아브라함이 아무것도 소유하지 않았다고 말했다. 그런데 이 가난한 사람은 부유하지 않았는가? 그가 그때까지 소유했던 모든 것은 여전히 그가 즐길 수 있는 그의 소유였다. 양, 낙타, 소 떼, 그리고 그 밖의 온갖 재물들 말이다. 그에게는 아내와 친구들이 있었고, 무엇보다 좋은 것은 아들 이삭이 건강한 모습으로 그의 곁에 있는 것이었다. 이처럼 그에게는 모든 것이 있었지만, 그는 아무것도 소유하지 않았다. 바로 여기에 영적 비결이 숨어 있다. 바로 여기에 오직 '내려놓음의 학교'에서만 배울 수 있는 아름다운 '마음의 신학'이 있다. 조직신학 책은 이것을 모르지만 지혜로운 자는 이것을 깨닫는다.

그 혹독하면서도 복된 시험을 거친 후, 아브라함에게는 '나의'나 '나의 것'이라는 말이 전혀 다른 의미를 가졌을 것이다. 이런 말에 담긴 '소유의 개념'이 그에게는 아무 의미가 없게 되었다. 사물이 그에게서 영원히 추방되었다. 그의 밖에 거하게 되었다. 그의 내면은 사물에서 해방되었다. 세상 사람들이 "아브라함은 부자다"라고 말할 때 그 늙은 족장의 얼굴에는 잔잔한 미소가 번질 뿐이었다. 세상 사람들에게 설명해줄 수는 없었지만 그는 자기가 아무것도 소유하지 않았다는 걸 알았고, 내면적이고 영원한 것이 자기의 진정한 보화라고 믿었다.

사물을 소유하겠다는 집착이 인생을 망치는 가장 해로운 습관 중 하나라는 것은 틀림없는 사실이다. 이런 집착이 아주 보편적이기 때문에 이것이 악(惡)이라는 것을 깨닫는 사람이 드물다. 집착을 끝까지 내버려두면 결국에는 비극적 열매를 맺게 된다.

종종, 우리가 자신의 보화를 주께 바치지 못하는 이유는 그것을 잃어버릴까봐 두려워하기 때문이다. 우리의 보화가 사랑하는 친인척이나 친구들일 경우에는 이런 현상이 더욱 심하다. 그러나 우리는 그런 두려움을 가질 필요가 전혀 없다. 우리 주님은 멸하기 위해서가 아니라 구원하기 위해서 이 땅에 오셨다. 우리가 그분께 맡기는 것은 모두 안전하다. 반면, 그분께 맡기지 못하는 것은 절대 안전하지 않다.

우리는 은사와 재능도 그분께 넘겨드려야 한다. 그것들이 본질적으로 무엇인지를 알아야 한다. 그것들은 그분이 우리에게 빌려주신 것이다! 그러므로 어떤 의미에서도 우리의 것이 아니다.

우리가 강한 근육을 타고난 것에 대해 자랑할 수 없듯이 우리의 특별한 능력에 대해 자랑할 수 없다. 성경은 "누가 너를 남달리 구별하였느냐 네게 있는 것 중에 받지 아니한 것이 무엇이냐"(고전 4:7)라고 말한다.

시험을 빨리 통과하는 방법이 있다

자신이 어떤 존재인지를 조금이라도 알 만큼 깨어 있는 그리스도인은 소유를 향한 병적 집착의 증상들이 어떤 것인지를 알게 될 것이다. 그리고 그런 증상들이 자기의 마음속에 있다는 걸 깨닫고 슬퍼하게 될 것이다. 하나님을 향한 갈망이 그의 마음속에서 아주 강하게 일어난다면, 이 문제를 그냥 내버려두지 않을 것이다. 그렇다면 어떻게 해야 하는가?

우선, 모든 방어수단을 버리고 주님 앞에서나 자기 자신 앞에서 어떤 변명도 시도하지 않아야 한다. 자기를 방어하려고 애쓰는 사람에게 주어지는 방어수단은 오직 그 사람 자신뿐이다. 다른 누구도 그를 위해 나서주지 않는다. 그러나 모든 방어수단을 내려놓고 주님 앞으로 나아간다면 바로 하나님이 방어수단이 되어주신다. 자기를 살피는 그리스도인은 자기의 거짓된 마음의 모든 교활한 속임수를 발로 짓밟고, 주님을 상대로 정직하고 개방적인 관계를 추구해야 할 것이다.

그리고 이렇게 하는 것이 거룩한 일이라는 것을 기억해야 한다. 부주의하거나 되는 대로 일을 처리하는 것으로는 목적을 이룰 수 없다. 자기의 기도를 반드시 하나님께서 들으시도록 하겠다고 굳게 결심하고 그분 앞으로 나아가야 한다. "하나님, 저의 모든 것을 받으소서"라는 기도를 끈질기게 드려야 한다. 그래야 그분이 그의 마음에서 사물을 제거하시고 그의 마음을 능력으로 다스리시게 될 것이다. 경우에 따라서는 그분이 우리에게서 제거해주시길 원하는 것을 구체적으로 말씀드려야 한다. 사물이나 사람들의 이름을 하나씩 말씀드려야 한다.

이런 작업을 철저히 진행한다면, 몇 년 동안 계속될 것 같던 고뇌를 몇 분 만에 끝내버리고 아름다운 목적지에 도달하게 될 것이다. 집착의 대상들을 애지중지하면서 하나님과의 거래에서 이리 재고 저리 재는 느려터진 다른 형제들보다 훨씬 더 빨리 도달할 것이다.

이런 진리는 자연과학의 사실들을 공부할 때처럼 기계적인 암기를 통해서는 배울 수 없다는 것을 잊지 말자. 이런 진리는 반드시 경험을 통해서 알아야 한다. 아브라함이 겪었던 것 같은 모질고 쓰라린 경험의 결과로 주어지는 복을 얻기 원한다면 우리의 마음으로 그런 경험을 이겨내야 한다.

오랜 세월 지속되어온 저주스런 것은 고통스런 과정 없이는 사라지지 않는다. 우리 속에 있는 질기고 질긴 늙은 수전노가 우리의 명령에 쉽게 굴복하여 죽을 것이라고 생각하지 말라. 마치 나무를 땅에서 뽑아내듯이 우리의 마음에서 이 구두쇠를 사정없이 뽑아내야 한다. 잇몸에서 이를 뽑아낼 때처럼 피가 흐르는 고통을 감수하며 뽑아내야 한다. 그리스도께서 돈 바꾸는 자들을 성전에서 쫓아내셨듯이 인정사정 보지 말고 우리의 마음에서 이 수전노를 쫓아내야 한다. 그가 슬픈 목소리로 애걸복걸할지라도 조금도 동정하지 말아야 한다. 그의 간청이란, 비난 받아야 마땅한 아주 악한 인간의 죄 중 하나라고 할 수 있는 '자기연민'에서 나오는 것임을 알아야 한다.

하나님과 점점 더 깊은 관계를 맺으며 그분을 알아가려는 사람은 이 '포기'의 길을 가야 한다. 그분을 찾아가는 삶을 살겠다고 마음을 굳힌 사람에게는 그분이 조만간 이러한 '포기의 시험'을 내리실 것이다.

시험을 당할 때 아브라함은 자기가 시험 당하고 있다는 것을 몰랐다. 하지만 만일 그가 성경에 기록된 선택을 하지 않고 다른 선택을 했다면 성경의 역사(歷史) 전체가 달라졌을 것이다. 물론 하나님은 아브라함 대신 다른 사람을 찾아내셨겠지만, 말로 다 표현할 수 없을 만큼 비극적인 손실이 아브라함에게 닥쳤을 것이다.

아무튼, 우리 각 사람은 모두 시험의 장소로 보내지겠지만, 우리가 언제 거기로 가게 될지는 알지 못한다. 그 시험의 장소에서 선택할 수 있는 것이란 양자택일뿐이다. 분명한 것은 우리의 선택에 따라 우리의 미래 전체가 완전히 달라질 것이라는 점이다.

●

아버지, 저는 당신을 알기 원하지만, 겁 많은 제 마음은 자기의 장난감들을 포기하기를 두려워합니다. 내면의 피 흘림 없이는 그것들과 헤어질 수 없습니다. 그 헤어짐의 공포를 굳이 당신께 숨기려고 하지 않겠습니다. 당신 앞에 나오는 것이 떨리지만 그래도 나왔습니다. 너무 오래 품고 있어 살아 있는 제 자아의 일부가 되어버린 그 모든 것들을 제 마음에서 뿌리째 뽑아주소서. 그리하시면 당신이 제 마음에 들어와 경쟁자 없이 거하실 것이며, 당신의 발이 머무는 곳에 영광이 임할 것입니다. 제 마음속에 빛을 비출 태양이 따로 필요 없을 것입니다. 당신이 빛이 되시고, 더 이상 밤이 없을 것이기 때문입니다. 예수님의 이름으로 기도합니다. 아멘.

영혼의 휘장을 걷어내라

> 그러므로 형제들아 우리가 예수의 피를 힘입어 성소에 들어갈 담력을 얻었나니 히 10:19

교부들의 명언 중에서 가장 널리 알려진 것은 아마도 "당신은 당신을 위해 우리를 지으셨으며, 우리의 마음은 당신 안에서 안식을 얻을 때까지 평안을 모릅니다"라는 성 어거스틴의 말일 것이다.

이 위대한 성도는 인류의 근원과 정신적 내력(來歷)을 이 짧은 말에 담았다. 하나님은 그분 자신을 위해 우리를 만드셨다! 이 진리는 깊이 생각할 줄 아는 사람들의 의문을 풀어줄 수 있는 유일한 설명이다. 이런 사람들의 이성(理性)이 아무리 여러 갈래로 추측을 시도해본다 해도 결국 이 진리로 돌아오게 될 것이다. 잘못된 교육과 황당한 추론 때문에 이 진리와 다른 결론에 도달한 사람에게 해줄 수 있는 것은 거의 없다. 내게는 그런 사람에게 줄 메시지가 없다.

나의 호소는 이미 하나님의 지혜의 가르침을 은밀히 받은 사람들을 위한 것이다. 나는 하나님의 내적인 만져주심을 통해 영적으로 깨어나 그분을 갈망하게 된 목마른 자들에게 말하는 것이다. 이런 사람들처럼 이미 영적으로 깨어난 자들에게는 추론에 의한 증명이 필요 없다. 하나님을 찾기까지 평안을 몰랐던 그들의 영적 경험이 이미 충분한 증거가 된다.

존재의 목적에서 도망치다

하나님은 그분 자신을 위해 우리를 지으셨다. 옛 뉴잉글랜드 입문서의 표현대로 "웨스트민스터 성직자 회의에 의해 채택된" 소요리문답은 '무엇 그리고 왜'에 대한 고래(古來)의 질문을 던진 후 짧은 한 문장으로 대답한다(성령의 감동으로 기록된 성경을 제외한 다른 문학 작품에서는 이 문장에 필적할 만한 것을 찾기 어렵다).

질문: 인간의 최고 목적이 무엇인가?

대답: 인간의 최고 목적은 영원히 하나님께 영광을 돌리고 그분을 즐거워하는 것이다.

이 영원한 진리에 동의하는 24장로가 있으니 그들은 세세토록 살아 계시는 이에게 엎드려 경배하며 "우리 주 하나님이여 영광과 존귀와 권능을 받으시는 것이 합당하오니 주께서 만물을 지으신지라 만물이 주의 뜻대로 있었고 또 지으심을 받았나이다 하더라"(계 4:11)라고 찬양한다.

하나님은 그분의 기쁨을 위해 우리를 만드셨다. 그분이 우리를 지으신 것은 그분과 우리가 거룩한 교제를 통해 아주 유사한 인격체들 간의 감미롭고 신비로운 사귐을 즐기도록 하기 위함이다. 우리가 그분을 보고, 그분과 함께 살고, 그분의 미소를 생명의 원천으로 삼는 것이 그분의 본래 뜻이었다. 그러나 밀턴이 사탄과 그 무리의 반역을 묘사할 때 사용한 표현을 빌려서 말할 것 같으면, 우리는 '더러운 반역'의 죄를 범했다. 하나님과의 관계를 끊어버린 것이다. 우리는 그분을 향한 사랑과 순종을 버리고 죄책감과 두려움에 쫓겨 그분의 존전에서 최대한 멀리 도망했다.

그러나 하늘과 하늘들의 하늘이라도 하나님을 용납하지

못할진대(대하 2:6), 솔로몬의 지혜가 증언하듯이 주님의 영이 온 땅에 충만할진대, 누가 감히 그분에게서 도망할 수 있겠는가? 이것이 그분의 무소부재다(무소부재가 없다면 그분은 완전한 분이 될 수 없을 것이다).

그런데 그분의 '임재의 나타남'은 무소부재와 다르다. 우리는 '임재의 나타남'으로부터 도망한 것이다. 동산의 나무들 사이에 숨기 위해 도망한 아담처럼, 또는 "주여 나를 떠나소서 나는 죄인이로소이다"(눅 5:8)라고 말한 베드로처럼 그분을 멀리하기 위해 도망했다.

이렇게 이 땅에서의 인간의 삶은 그분의 임재에서 멀어진 삶이다. 본래는 우리의 권리이며 우리에게 어울리는 거처였던 '저 복된 중심'에서 끊어진 삶이다. 우리는 본래의 신분을 지키지 못하고 잃어버렸기 때문에 끊임없이 불안에 시달린다.

하나님의 모든 속량 사역은 저 '더러운 반역'의 비극적 결과들을 무효화하고, 우리를 다시 불러들여 그분과 영원히 올바른 관계를 맺도록 하는 것이다. 그렇게 되기 위해서는 우리의 죄가 만족스런 방법으로 처리되고, 완전한 화목이 이루어지며, 그분과의 의식적(意識的) 교제를 회복하여 타락 이전처럼 그분 앞에서 살 수 있는 길이 열려야 했다.

그분께 돌아가고 싶다는 마음을 그분이 우리 안에 먼저 넣어주셔야 우리는 움직인다. 이런 마음의 움직임이 최초로 느껴지는 때는 언제인가? 그것은 평안을 모르는 우리의 마음이 그분의 임재를 갈망하면서 속으로 "내가 일어나 아버지께 가리라"(눅 15:18)라고 중얼거릴 때다. 이것이 첫걸음이다. 중국의 현인 노자(老子, 중국 춘추시대의 사상가)가 말했듯이, "천 리 길도 한 걸음부터"다.

휘장 뒤에 계신 하나님

구약의 성막은 죄악의 광야를 떠나 하나님의 복된 품으로 돌아오는 영혼 내면의 여행을 아주 아름답게 상징적으로 보여 준다. 하나님께로 돌아오는 죄인은 우선 바깥뜰로 들어와 놋으로 된 번제단에서 피의 제물을 드리고, 가까이 있는 물두멍에서 자신을 씻었다. 그런 다음 휘장을 통해 성소로 들어갔는데 거기에는 자연광(自然光)이 없었고, 세상의 빛이신 예수님을 상징하는 순금 등잔대가 그곳의 모든 것에 부드러운 빛을 비추고 있었다. 또한 성소 안에는 생명의 떡이신 예수님을 상징하는 진설병과 끊임없는 기도의 상징인 분향단이 있었다.

성소까지 들어온 예배자가 많은 것을 얻었음은 사실이지

만, 그래도 아직 하나님의 존전에 이른 것은 아니었다. 성소와 지성소를 나누는 또 다른 휘장이 있었는데, 이 휘장을 젖히고 지성소로 들어가면 속죄소 위에 거하시는 하나님이 영광과 장엄함 가운데 나타나셨다. 성막이 있는 동안 지성소에는 오직 대제사장만이 들어갈 수 있었는데, 그것도 1년에 단 한 번 피를 가지고 자신의 죄와 백성의 죄를 위하여 드릴 때 들어갔다. 우리 주께서 갈보리 언덕에서 돌아가실 때 찢어진 휘장이 바로 이 두 번째 휘장이다. 성경 기자의 설명에 의하면, 이 휘장이 찢어짐으로 말미암아 세상의 모든 예배자가 하나님의 존전에 즉시 이를 수 있는 '새로운 살 길'(히 10:20)이 열렸다.

신약의 모든 것은 구약의 이 상징과 일치한다. 속량 받은 사람들은 지성소에 들어가기를 두려워하며 머뭇거릴 필요가 전혀 없다. 우리가 하나님의 존전에 당당히 이르러 거기서 늘 사는 것이 그분의 뜻이다. 이런 삶은 체험적으로 알아야 하는 삶이다. 단지 마음으로만 믿어버리는 교리가 아니라, 날마다 매 순간 누려야 할 체험이다.

이 임재의 불은 레위지파 사람들을 가슴 설레게 했다. 이 임재가 없다면 성막의 모든 거룩한 물건들은 미지(未知)의 언어 같은 것이 되어버리며, 이스라엘 민족이나 우리에게 아무 의미가 없게 된다. 성막에서 가장 중요한 사실은 여호와께서 그곳에 계시다는 것이었다. 그분이 휘장 뒤에 임하여 기다리고 계셨다. 그와 마찬가지로, 하나님의 임재는 기독교의 핵심 진리이기도 하다. 그분의 속량 받은 자녀들이 담대히 그분 앞에 이르러 그분의 임재를 느끼기를 기다리고 계시는 하나님을 전하는 것이 기독교 메시지의 핵심이다.

그러나 현재 유행하는 기독교는 그분의 임재를 단지 이론으로만 알 뿐이다. 그분의 임재가 지금 당장 누릴 수 있는 그리스도인의 특권이라고 강조하지 않는다. 우리가 영적으로는 그분과 함께 있다고 가르치기는 하지만, 그런 '함께 있음'을 실제로 체험해야 할 필요성에 대해서는 침묵한다. 로버트 머리 맥셰인(Robert Murray McCheyne, 1813~1843. 스코틀랜드 교회의 목사) 같은 사람들을 움직였던 불같은 열정은 지금의 기독교에서 찾아볼 수 없다. 이 세대의 그리스도인들은 이 시대의 불완전한 잣대로 스스로를 판단한다. 불타는 열정은 사라지고 천박한 만족이 그 자리를 대신 차지했다. 우리는 이미 받은 이런저런 영적 복에 안주하는 것으로 만족할 뿐, 대개의 경우 개인적 체험의 부재(不在)에 대해서는 거의 고민하지 않는다.

휘장 뒤에 거하며 불 가운데 나타나는 분은 누구신가? 바로 하나님이시다! 그분은 한 하나님이시요, 한 주님이시요, 성령님이시다. 한 하나님은 전능하신 아버지, 천지의 창조주, 보이는 것과 보이지 않는 것을 모두 지으신 분이다. 한 주님 예수 그리스도는 하나님의 독생자, 창세전에 아버지에게서 나신 분, 하나님에게서 나오신 하나님, 빛에서 나오신 빛, 참 하나님에게서 나오신 참 하나님, 창조되지 않고 태어나신 분, 아버지와 본질이 동일하신 분, 즉 예수 그리스도시다. 성령님은 생명의 주인으로서 생명을 주시는 분, 아버지와 아들로부터 나오시는 분, 아버지와 아들과 함께 경배와 영광을 받으시는 분이다. 이 거룩한 삼위일체가 한 하나님이시기 때문에 다음과 같은 신앙고백이 나왔다.

"우리는 삼위(三位)로 존재하는 한 하나님을, 일체(一體)로 존재하는 삼위를 경배한다. 삼위를 혼동하지 않으며 하나님의 본질을 분할하지 않는다. 왜냐하면 성부 한 분이 계시고, 성자 한 분이 계시고, 성령 한 분이 계시기 때문이다. 그러나 성부의 신성(神性)과 성자의 신성과 성령의 신성은 모두 동일하다. 삼위의 영광은 동일하고 삼위의 위엄도 영원히 공존한다."

옛 신경들의 일부를 인용한 것인데, 성령의 감동으로 기록된 성경 말씀도 똑같이 선언한다.

휘장 뒤에는 하나님이 계시다. 세상 사람들은 혹시라도 이 하나님을 발견할 수 있지 않을까 하는 생각에서 그분을 더듬어 찾아왔다(사실 이런 노력은 그들 자신의 철학과는 앞뒤가 안 맞는 이상한 현상이다). 그분은 자연 속에서 자신을 어느 정도 나타내셨지만, 성육신 사건을 통해 더욱 완전히 나타내셨다. 이제 하나님은 영혼이 겸손하고 마음이 깨끗한 자들에게 충만한 기쁨 가운데 자신을 나타내려고 기다리신다.

세상은 하나님을 알지 못해 멸망하고 있고, 교회는 그분의 임재가 없어서 영적 기근에 시달리고 있다. 우리의 병든 신앙 대부분을 즉시 고칠 수 있는 방법은 그분의 임재를 영적으로 체험하는 것이다. 다시 말해서, 우리가 그분 안에 있고 그분이 우리 안에 계시다는 것을 홀연히 깨닫는 것이다. 이 방법에 성공하면 우리의 불쌍한 편협함에서 벗어나 넓은 마음을 갖게 될 것이다. 이 방법은 떨기나무 안에 거했던 불이 벌레와 곰팡이를 태워버렸듯이 우리 삶의 더러운 것들을 태워버릴 것이다.

우리 주 예수 그리스도의 하나님이며 아버지이신 그분은 다 돌아다닐 수 없는 넓은 세상이요, 아무리 헤엄쳐도 끝이 없는 대양이시다. 그분은 영원하시다. 이 말은 시간보다 먼저 계셨고, 시간에서 완전히 독립해 계시다는 것을 의미한다. 시간은 그분 안에서 시작되었고, 그분 안에서 끝날 것이다. 그분은 시간에게 경의(敬意)를 표하지 않으시며, 시간 때문에 변하지 않으신다. 그분은 불변의 하나님이시다. 이것은 이제까지 변하신 적이 없고 앞으로도 전혀 변하지 않으신다는 것을 의미한다. 만일 그분이 변하시려면 좋은 상태에서 나쁜 상태로 바뀌거나 나쁜 상태에서 좋은 상태로 바뀌어야 할 것이다. 하지만 이 두 가지는 모두 불가능하다. 이미 완전한 분이 더 완전해질 수 없기 때문이며, 만일 덜 완전해진다면 하나님보다 못한 존재가 될 것이기 때문이다.

하나님은 전지(全知)하시다. 이것은 전혀 힘들이지 않고 단 한 번의 자유로운 행위를 통해 모든 물질과 모든 영과 모든 관계와 모든 사건을 아신다는 뜻이다. 그분에게는 과거도 없고 미래도 없다. 그분은 존재하신다. 그러나 피조물에 대해 사용되는 제한적이고 한정적인 용어 중 그 어느 것도 그분에게는 적용되지 않는다. 사랑과 자비와 의(義)가 그분의 것이며, 어떤 비교나 비유로도 표현될 수 없는 거룩함이 그분의 것이다.

이것을 희미하게나마 표현해줄 수 있는 것은 오직 불이다.

그분은 "떨기나무 가운데로부터 나오는 불꽃 안에서"(출 3:2) 나타나셨고, 이스라엘 민족이 광야에서 방황하던 긴 기간 동안 내내 불기둥 안에 거하셨다. 성소의 그룹들(cherubim) 날개 사이에서 타오르는 불은 이스라엘의 영광의 기간 동안 '쉐키나'(Shekinah: '거하는 것'이라는 뜻의 히브리어를 음역한 단어로, 많은 유대 문헌에서 하나님의 임재를 표현하기 위해 사용되었다)라고 불렸다. 구약 시대가 가고 신약 시대가 도래했을 때, 그분은 오순절에 불로 임하여 제자들 한 사람 한 사람 위에 머무셨다.

스피노자(Spinoza, 1632~1677. 네덜란드의 철학자)는 그의 책에서 하나님에 대한 지적(知的) 사랑에 대해 썼다. 물론 그의 주장에 어느 정도 일리가 있기는 하지만, 하나님을 향한 최고의 사랑은 지적인 것이 아니라 영적인 것이다. 하나님은 영이시기 때문에 오직 사람의 영만이 그분을 진정으로 알 수 있다. 우리 영의 깊은 곳에서 불이 타올라야 한다. 만일 그렇지 않으면 우리의 사랑은 그분을 향한 참된 사랑이 아니다.

하나님의 나라에서 큰 자들은 하나님을 사랑하는 데 있어서 다른 이들보다 더 큰 자들이었다. 우리 모두는 그들이 누구였는지를 알며, 그들의 헌신의 깊이와 진실성에 기꺼이 경의를 표한다. 잠깐만이라도 생각해보면, 그들의 이름이 상아궁에서 나오는 몰약과 침향과 육계의 향기를 풍기며 끝없이 우리의 머리에 떠오를 것이다.

프레더릭 페이버(Frederick Faber, 1814~1863. 영국의 찬송시 작가)는 "사슴이 시냇물을 찾기에 갈급함같이"(시 42:1) 하나님을 찾기에 갈급했다. 하나님께서 그의 간절한 마음에 그분 자신을 충만히 나타내셨기 때문에 이 선한 사람의 삶 전체가 그분의 보좌 앞에 있는 스랍들의 숭모에 필적하는 강렬한 숭모의 불길로 타올랐다. 그의 사랑이 세 분의 위격(位格)에게 똑같은 정도로 드려졌지만, 각각의 위격에 대해 그가 느꼈던 사랑은 오직 그 위격만을 위해 준비된 특별한 사랑 같았다. 우선, 그는 성부 하나님에 대해 이렇게 노래했다.

앉아서 하나님을 생각만 해도,
얼마나 큰 기쁨인가!
그분을 생각하며 그분의 이름을 들이마시는 것,
그것보다 더 큰 복이 이 땅에 있을까?

예수님의 아버지, 사랑의 상급이시여,

당신의 보좌 앞에 엎드려

당신을 한없이 바라보는 것은

얼마나 큰 기쁨이겠습니까!

그리스도를 향한 그의 사랑의 불길은 그를 태워 죽일 것처럼 강렬했다. 그 사랑은 그의 내면에서 거룩하고 향기로운 열정으로 타올랐고, 마치 잘 녹은 금(金)처럼 그의 입술에서 흘러나왔다. 그는 설교 중에 이렇게 말했다.

"하나님의 교회에서 어느 쪽을 보더라도 예수님이 계십니다. 예수님은 우리에게 모든 것의 처음이요 중간이요 끝이십니다. … 그분은 그분의 종들에게 선함과 거룩함과 아름다움과 기쁨의 근원이 되십니다. 그 누구도 가난해질 필요가 없습니다. 마음만 먹으면 예수님을 자기의 소유로 삼을 수 있기 때문입니다. 누구도 낙심할 필요가 없는데, 예수님이 하늘의 기쁨이시기 때문입니다. 그분은 슬픈 영혼 안으로 들어가기를 좋아하십니다. 너무 강조하면 지나친 것들이 많이 있지만, 우리를 향한 예수님의 자비와 사랑의 풍성함과 그분에 대한 우리의 의무는 아무리 강조해도 지나치지 않습니다. 우리 모두가 평생 그분에 대해 이야기한다 할지라도 그분에 대한 아름다운 이야기들은 끝이 없을 것입니다. 영원한 시간을 투자한다 할지라도 그분의 모든 것을 다 배울 수 없을 것이고, 그분이 이루신 모든 것을 다 찬양할 수 없을 것입니다. 하지만 그래도 아무 문제가 없을 것입니다. 우리는 아무 부족함 없이 그분과 항상 함께 있을 것이기 때문입니다."

페이버는 우리의 주께 직접 이렇게 말씀드렸다.

내가 당신을 지극히 사랑하오니
내 황홀함을 어떻게 절제해야 할지 모르나이다.
당신의 사랑은 바로 내 영혼 안에서
불같이 타오르나이다.

페이버의 불타는 사랑은 성령님에게도 드려졌다. 그는 그분이 하나님이시며 성부 및 성자와 동등하시다는 것을 그의 신학에서 인정했을 뿐만 아니라, 그의 노래와 기도에서도 끊임없이 찬양의 주제로 삼았다. 말 그대로 이마를 바닥에 대고 하나님의 제3위격을 뜨겁게, 열정적으로 경배했다. 성령님에게 바쳐진 그의 훌륭한 찬송은 그의 불타는 헌신을 아주 잘 말해준다.

아름답고 경외할 만한 성령님이시여,

우리 불쌍한 죄인들에게 쏟으시는

당신의 모든 인자와 사랑 앞에서

내 마음이 무릎 꿇나이다.

독자에게 지루함을 안겨줄 수도 있음을 알면서도 페이버의 말을 인용한 것은 이토록 확실한 예를 통해 내 강조점을 분명히 보여주기 위함이다. 내가 말하고 싶은 것은 하나님께서 우리에게 완전한 기쁨을 줄 수 있는 지극히 놀라운 분이시기 때문에, 우리의 본성이 아무리 깊고 신비롭다 해도 그분 홀로 우리의 모든 본성의 가장 깊은 요구들을 만족시키고도 남는다는 것이다. 단지 교리적으로만 하나님을 알면 페이버처럼 그분을 경배할 수 없다(사실, 페이버 같은 사람이 셀 수 없을 정도로 많다).

그분의 임재를 체험하고 그분의 위엄을 열린 눈으로 본 사람들은 그분을 향한 사랑으로 마음이 깨진다. 이렇게 마음이 깨진 사람들은 다른 사람들이 알지도 못하고 이해하지도 못하는 분위기를 풍겼다. 그들이 말을 하면 왠지 영적 권위가 느껴졌다. 그들은 하나님 앞에 가보았고, 그분 앞에서 본 것을 증언했다. 그들은 서기관이 아니라 선지자다. 서기관은 자기가 읽은 것을 말하지만, 선지자는 본 것을 말하기 때문이다.

서기관과 선지자를 이렇게 구분하는 것은 단지 상상에서 나온 것이 아니다. 책을 읽은 서기관과 하나님 앞에 가보았던 선지자 사이에는 대양만큼이나 넓은 차이가 있다. 오늘날 정통적인 서기관은 너무 많다. 하지만 선지자는 어디에 있는가? 복음주의 교회에서 귀에 거슬리는 서기관의 음성은 많이 들리지만, 교회가 기다리는 것은 휘장을 젖히고 들어가 내면의 눈으로 '저 놀라운 하나님'을 본 성도의 부드러운 음성이다.

찢겨져야 할 두 번째 휘장

한 가지 감사한 것은, 살아 있는 체험을 통해 휘장을 젖히고 들어가 거룩한 분 앞에 이를 수 있는 특권이 그분의 모든 자녀에게 주어졌다는 것이다.

예수님의 몸이 찢기심으로 휘장이 제거되었다. 우리가 지성소에 들어가는 것을 가로막는 것이 하나님 편에서는 완전히 사라졌다. 그럼에도 불구하고 우리는 왜 지성소 밖에서 주저하고 있는가? 그분을 보기 위해 안으로 들어가지 못하고 단지 지성소 밖에서 평생 머무는 것으로 만족하는 이유가 무엇인가? "내가 네 얼굴을 보게 하라 네 소리를 듣게 하라 네 소리는 부드럽고 네 얼굴은 아름답구나"(아 2:14)라는 신랑의 음성이 우리의 귀에 들린다. 우리는 그분의 부름이 우리를 위한 것이라고 느낀다. 하지만 우리는 가까이 가지 못한다. 여러 해가 지나도 성막의 바깥뜰에서 늙어간다. 도대체 무엇이 우리를 가로막고 있는가?

이 질문에 대한 대답으로 흔히 제시되는 것이 "우리가 냉랭해졌다"라는 말이지만, 이 말이 모든 것을 설명하지는 못한다. 마음이 차가워진 것보다 더욱 심각한 그 무엇이 있다. 이것이 배후에서 작용했기 때문에 마음이 냉랭해졌을 가능성이 있다. 그것은 바로, 우리의 마음에 있는 휘장이다! 첫 번째 휘장이 제거되었어도 여전히 남아 있는 이 두 번째 휘장은 빛을 차단하고 하나님의 얼굴을 우리에게서 숨긴다. 우리의 마음 안에서 아무 판단을 받지 않고, 십자가에 못 박히지도 않고, 거부되지도 않은 채 계속 살아 있는 육신적인 타락한 본성이 바로 이 휘장이다.

아주 촘촘히 짜여진 이 휘장은 우리의 '자기중심적 삶'이다! 우리는 이것을 십자가의 심판대 앞에 세운 적이 없다. 왜냐하면 이것을 진심으로 인정한 적이 없기 때문이며, 속으로는 이것을 부끄러워하기 때문이다. 그러나 이 불투명한 휘장은 아주 불가사의한 것이 아니기 때문에 어렵지 않게 정체가 드러난다. 우리가 마음속을 들여다보기만 하면 발견할 수 있다! 꿰매고 헝겊을 대고 기워가며 수선했을지라도 분명히 보인다. 이것은 우리 삶의 원수이며, 영적 진보를 가로막는 장애물이다.

이 휘장은 보기에 좋은 것도 아니고, 즐겨 대화의 주제로 올리는 것도 아니다. 그러나 지금 나는 하나님을 따르기로 굳게 마음먹은 굶주린 영혼들에게 말한다. 확신하건대, 이런 사람들은 내가 제시하는 길이 일시적으로 어두운 골짜기를 통과한다고 해서 발길을 돌릴 사람들이 아니다. 하나님이 그들의 마음속에 심어주신 강렬한 소원 때문에 이 길을 계속 갈 것이다. 아무리 불쾌한 사실이라도 능히 맞설 것이며, 그들 앞에 놓인 기쁨을 위해 십자가를 참아낼 것이다. 그러므로 감히 나는 이 두 번째 휘장을 짜는 데 재료로 사용되는 날실과 씨실에 대해 구체적으로 언급하려고 한다.

이 두 번째 휘장은 자기중심적 삶의 날실과 씨실을 엮어서 만들어진다. 이 날실과 씨실은 인간 마음속의 죄들을 표현한다. 이것들은 우리의 '행위'가 아니라 우리의 '존재'인데, 바로 여기에 이것들의 교묘함과 힘이 숨어 있다. 구체적으로 말하면, 자기중심적 죄는 자기의(self-righteousness), 자기연민(self-pity), 자기과신(self-confidence), 자기충족(self-sufficiency), 자기도취(self-admiration), 자기사랑(self-love) 및 이와 유사한 여러 가지다.

  이것들은 우리 안에 너무 깊이 숨어 있고, 우리 본성의 너무 많은 부분을 차지하고 있기 때문에 하나님의 빛에 의해 드러나기 전에는 우리의 주의를 끌지 못한다. 흠잡을 데 없는 정통주의 신앙을 가진 교단의 지도자들조차 이런 죄들의 더욱 추잡한 형태라고 할 수 있는 자기중심주의, 자기과시 및 자기신분상승을 용납하는 것은 정말 이해하기 힘든 일이다. 이런 것들이 너무 많아졌기 때문에 많은 이들은 이런 것들을 복음으로 착각한다. 그러므로 "오늘날 눈에 보이는 교회의 일부 교단들에서 인기를 끌려면 이런 추잡한 것들이 정말로 필요한 것 같다"라고 말하는 사람을 냉소주의자라고 욕해서는 안 될 것이다. 그리스도를 높인다는 명분을 내세우면서 실제로는 자기를 높이는 현상이 이제는 사람들의 주의를 거의 끌지 못할 정도로 너무 흔해졌다.

  인간은 부패했고, 오직 그리스도의 의에 근거하여 의롭게 될 수 있다는 것을 제대로 배운다면 자기중심적 죄들의 영향에서 벗어날 수 있을 것이라고 생각하기 쉽지만, 실제로는 그렇게 되지 않는다. 자아는 심지어 제단(祭壇)에서도 아무 책망을 듣지 않고 살아갈 수 있다. 자아는 피 흘리는 희생자 예수 그리스도의 죽음을 보고도 눈 하나 깜짝하지 않을 수 있다. 그러면서도 자아는 종교개혁가들의 신앙을 위해 싸울 수 있고, 은혜에 의한 구원의 교리를 유창하게 설교할 수 있으며, 스스로의 노력으로 강해질 수 있다. 아주 솔직히 말하자면, 자아는 정통주의를 먹고 사는 것 같고, 선술집에서보다는 오히려 부흥사경회에서 더욱 기승을 부린다. 하나님을 갈망하는 우리의 마음 상태가 역설적이게도 자아의 번성과 성장을 위한 좋은 토양이 될 수도 있다.

십자가 죽음 후에는 부활이 있다

자아는 하나님의 얼굴을 우리에게서 가리는 불투명한 휘장이다. 이것은 단순히 교육에 의해 제거되지 않으며, 오직 영적 경험에 의해 제거될 수 있다. 문둥병자를 교육한다고 해서 그 병이 환자의 몸에서 떠나는가? 우리가 자유롭게 되려면 하나님이 자아를 죽이셔야 한다. 우리는 십자가가 우리 안에서 이 일을 집행하도록 허락해야 한다. 자기중심적 죄들을 십자가로 끌고 가 심판을 받게 해야 한다. 주께서 본디오 빌라도에게 고난을 당할 때 겪으셨던 것 같은 고초를 어느 정도 겪을 것을 각오해야 한다.

내 말을 잘 들으라. '휘장이 찢어진다'라는 것은 비유적인 표현이라서 시적(詩的)이라는 느낌도 들고, 왠지 기분을 좋게 해주는 느낌도 들 것이다. 하지만 실제로는 전혀 기분 좋은 일이 아니다. 실제로 이 일을 경험하는 이는 이 휘장이 펄펄 살아 있는 정신적 존재인 우리 자신이기 때문이다! 아무 감각 없는 목석(木石)이 아니라 오감을 통해 사물을 느끼고 추우면 몸을 떠는 우리 자신 말이다! 휘장에 손을 댄다는 것은 우리의 아픈 곳을 건드리는 것이다. 그 휘장을 찢으면 우리는 상처받고 아픔을 느끼고 피를 흘리게 된다.

이와 다른 얘기를 하는 사람이 있다면 그는 십자가를 십자가가 아닌 것으로, 죽음을 죽음이 아닌 것으로 만드는 것이다. 죽는 것은 즐겁지 않다. 우리의 삶을 이루는 지극히 소중한 것들을 찢어내면 깊은 고통을 느낄 수밖에 없다. 십자가는 바로 이런 고통을 예수께 안겨드렸다. 십자가가 우리를 해방하려면 우리 각 사람에게도 이런 고통을 안겨주어야 한다.

우리가 이 휘장을 찢어버리겠다는 의도에서 어설프게 손을 대면 안 된다. 하나님이 우리를 위해 모든 것을 행하셔야 한다. 우리가 해야 할 것은 굴복하고 신뢰하는 것이다. 자기중심적인 삶을 고백하고, 버리고, 거부해야 하며, 그 다음에는 그것이 십자가에 못 박혔다고 여겨야 한다. 하지만 "하나님이 하신다"라고 말하며 아무것도 하지 않고 가만히 있으면 안 된다. 그 휘장이 찢어질 때까지 포기하면 안 된다. 자아가 십자가에 못 박혔다는 멋진 교리에 만족하며 안주해서는 안 된다. 그것은 사울 왕처럼 가장 좋은 양과 소를 진멸하지 않고 남겨두는 것이다(삼상 15:9 참조).

그분이 정말 당신의 휘장을 찢어버리실 것을 끝까지 고집하라. 그러면 그렇게 될 것이다. 십자가는 고통스럽고 죽음을 안겨주지만, 그 효과는 완전하다. 십자가에 못 박힌 자는 영원히 그것에 달려 있지 않는다. 그것에 달려 고통당하던 자는 죽고 십자가의 일이 끝나는 시간이 도래한다. 죽음 다음에는 부활의 영광과 능력이 주어진다. 고통은 잊혀지고 대신 기쁨이 찾아온다. 이 기쁨은 휘장이 사라졌다는 기쁨이요, 살아 계신 하나님의 존전에 이르는 영적 체험이 주는 기쁨이다.

•

주님, 당신의 길들이 어찌 그리 뛰어납니까! 인간의 길들은 어찌 그리 거짓되고 어둡습니까! 우리가 어떻게 죽어야 할지를 보여주소서. 그리하시면 우리가 새로운 생명으로 다시 살아날 것입니다. 성전의 휘장을 찢으셨듯이 우리의 '자아중심적 삶'의 휘장을 위에서 아래로 찢어주소서. 우리는 믿음의 충만한 확신 가운데 당신께 가까이 가기 원합니다. 이 땅에서의 날마다의 삶에서 당신과 함께 거하기를 바랍니다. 이는 당신과 함께 거하기 위해 천국으로 들어갈 때 그곳의 영광에 익숙해지기 위함입니다. 예수님의 이름으로 기도합니다. 아멘.

chapter 04

힘써
하나님을 알자

> 너희는 여호와의 선하심을 맛보아 알지어다 시 34:8

25여 년 전 캐넌 홈즈(Canon Holmes)는 많은 사람들이 하나님에 대해 갖고 있는 믿음이 추론적(推論的) 믿음이라고 지적했다. 그렇다. 대부분의 사람은 그분의 실재(實在)를 믿지 않고 그분에 대한 추론을 믿는다. 그들에게 하나님은 그들이 적절하다고 여기는 증거에서 연역적으로 추론된 존재에 불과하다. 그들은 그분을 인격적으로 알지 못하고, "하나님이 존재하셔야 하니 그분이 존재하신다고 믿는다"라고 말할 뿐이다.

더욱 불행한 것은 이 정도까지 이르지 못하는 사람들도 있다는 것이다. 이런 사람들은 오직 소문으로만 그분을 알 뿐이다. 스스로 깊이 생각하는 수고를 피하고, 다만 남들로부터 그분에 대한 이야기를 들을 뿐이다. 그리고 그분에 대한 믿음을 마음의 뒤쪽 구석에 처박아 놓는다. 그 구석에는 그들의 신념을 이루고 있는 다양한 잡동사니가 나뒹굴고 있다. 많은 이들에게 있어서 하나님은 하나의 관념에 불과하며, 선함이나 아름다움이나 참됨의 또 다른 이름일 뿐이다. 아니면 신기한 현상들의 배후에 있는 어떤 법칙이나 힘이나 창조적 추진력 정도로 이해된다.

하나님에 대한 사람들의 개념들이 이렇게 다양하지만, 그들의 한 가지 공통점은 그분을 '인격적 관계'로 체험하지 못했다는 것이다. 그들은 그분을 깊이 아는 것이 가능하다는 생각을 해본 적이 없다. 그분의 존재는 인정하지만, 사람이나 사물을 알듯이 그분을 알 수 있다는 생각은 하지 못한다.

물론 그리스도인들이 이런 사람들보다는 한 걸음 더 나간다. 적어도 이론적으로는 말이다. 그들의 신조는 '하나님을 인격적 존재로 믿으라'고 그들에게 가르친다. 그들은 "하늘에 계신 우리 아버지여"(마 6:9)라고 기도해야 한다고 배웠다. '그분이 인격적 존재로서 아버지가 되신다'는 개념에는 그분과의 인격적 소통이 가능하다는 개념도 포함되는데, 이것은 수백만의 그리스도인이 이론적으로는 인정하는 것이다. 하지만 그들은 비그리스도인과 마찬가지로 그분의 실재를 알지 못한다. 이런 그리스도인들은 하나의 관념을 사랑하고 단순한 원리에 충실하려고 애쓰면서 평생을 보낸다.

우리에게 알려지신 하나님

마치 구름이 낀 것 같은 이런 모호함과 뚜렷한 대조를 이루는 것이 성경의 교리다. 이 교리에 따르면, 우리가 하나님을 인격적으로 체험하는 것이 가능하다. 성경에는 사랑을 베푸는 인격적 존재가 처음부터 끝까지 등장한다. 그분은 에덴동산의 나무들 사이를 걸으셨고, 동산 구석구석에 그분의 향기를 불어넣으셨다. 살아 계신 그분은 언제나 나타나 말씀하시고 호소하시며 사랑하시고 일하셨다. 그분의 백성이 그분의 나타남을 받아들일 준비가 되어 있을 때에는 언제 어디서나 그렇게 하셨다.

성경이 자명한 사실로 받아들이는 것이 있는데, 그것은 인간이 그의 경험 속에 들어오는 다른 사람이나 사물을 알 때처럼 하나님을 알 수 있다는 것이다. 사람이나 사물의 인식을 표현하는 데 사용되는 단어들이 성경에서 하나님 인식을 표현하는 데에도 사용된다.

"너희는 여호와의 선하심을 '맛보아' 알지어다"(시 34:8).

"왕의 모든 옷은 몰약과 침향과 육계의 '향기가 있으며' 상아궁에서 나오는 현악은 왕을 즐겁게 하도다"(시 45:8).

"내 양은 내 음성을 '들으며'"(요 10:27).

"마음이 청결한 자는 복이 있나니 그들이 하나님을 '볼 것임이요'"(마 5:8).

이런 성격의 성경구절이 무수히 많다. 그런데 무수히 많은 각각의 구절보다 훨씬 더 중요한 것은 성경 전체가 하나님을 인격적 존재로 드러내고 있다는 것이다.

그렇다면 이 모든 것은 무엇을 말해주는가? 우리에게 익숙한 오감(五感)을 통해 사람이나 사물을 인식하는 것만큼 확실히 하나님을 인식하게 해주는 기능이 우리의 정신 안에 있다는 것이다! 눈에 보이는 세상을 인식하는 데 사용하도록 주어진 기능을 사용하면 물질적 세상을 알 수 있듯이, 우리 마음의 기능을 사용하면 하나님과 영적 세계를 알 수 있다. 물론, 그렇게 되려면 성령께서 주시는 충동에 순종하면서 그 기능을 사용해야 한다.

하나님을 인식하는 기능이 되살아나려면 인간의 마음 안에서 구원의 역사가 먼저 일어나야 한다. 거듭나지 못한 사람의 정신적 기능은 사용되지 못한 채 그의 본성 안에서 잠자고 있으며, 그 어떤 목적에도 도움이 안 된다. 이것은 죄 때문에 생긴 불행이다. 그러나 거듭나게 하는 성령의 사역이 개입하면 그 기능이 살아나 활동하게 된다. 이것은 그리스도의 십자가 속량을 통해 주어지는 측량할 수 없는 영적 유익 중 하나다.

그런데 속량 받은 하나님의 자녀들이 성경이 가르쳐주는 '하나님과의 습관적이고 의식적(意識的)인 교제'에 대해 잘 모르는 이유는 무엇인가? 그것은 만성적 불신앙 때문이다. 우리의 영적 분별력은 믿음을 통해 작동하게 되지만, 믿음에 문제가 생기면 영적으로 무감각해져서 영적인 일에 둔해진다. 오늘날 수많은 그리스도인이 바로 이런 상태에 빠져 있다. 이 사실을 입증하기 위해 힘들게 증거를 찾을 필요조차 없다. 밖에 나가 제일 먼저 마주치는 그리스도인을 붙들고 이에 대해 이야기하거나 제일 먼저 눈에 띄는 교회에 들어가 보면 금방 증명된다.

영적 세계는 우리 가까이에 있다. 우리를 완전히 둘러싸고 있기 때문에 우리의 내적 자아가 손만 뻗으면 만질 수 있다. 그 세계는 우리가 알아주기를 학수고대한다. 하나님은 우리가 그분의 임재에 반응하기를 원하신다. 이 영원한 세계는 우리가 그것의 '실재'를 '의지하기' 시작하는 순간부터 되살아난다.

실재하는 삶, 실재하시는 하나님

방금 내가 사용한 두 단어에 대한 정의(定義)가 필요하다. 만일 정의가 불가능하다면, 적어도 나는 이 단어들을 내가 무슨 의미로 사용하는지를 밝혀야 한다. 이 두 단어는 '실재'와 '의지하다'이다.

우선, 내가 의미하는 '실재'는 무엇인가? 그것은 인간의 정신에서 완전히 독립해 객관적으로 존재하는 것이다. 그것에 대해 어떤 생각을 할 수 있는 인간의 정신이 아예 존재하지 않는다 해도 그것은 존재한다. '실재'는 그 자체로서 존재하며, 그것을 관찰하는 자가 없다 할지라도 존재한다.

'실재'에 대한 사람들의 생각을 가지고 장난치는 자들이 있다는 것을 나는 잘 안다. 관념론자(觀念論者)라고 불리는 그들은 인간의 정신 밖에는 아무것도 실재하지 않는다는 것을 증명하기 위해 아주 복잡한 말들을 끝없이 늘어놓는다. '상대주의자'라고 불릴 수 있는 그들은 우리의 판단 근거가 되는 기준점들이 이 우주 안에 없다고 증명하기를 좋아한다. 그들은 저 높은 지성(知性)의 정상에 앉아 우리를 내려다보며 비난조의 말투로 우리에게 '절대주의자'라는 딱지를 붙여 우리의 입을 막은 다음 회심의 미소를 짓는다. 그러나 그리스도인은 경멸에 찬 그들의 눈빛에 기죽지 않는다. 오히려 자신감 넘치는 미소로 응수할 수 있다. '절대적인 한 분', 즉 하나님이 계시다는 것을 알기 때문이다.

또한 그리스도인은 절대적인 그분이 인간이 사용하도록 이 세상을 만드셨다는 것을 잘 알고 있다. 인간 삶의 모든 목적을 위한 기준점들(실재적인 것들)이 궁극적 의미에서는 이 세상에 존재하지 않지만(여기서 궁극적 의미라 함은 하나님께 대해 성립할 수 있는 그런 궁극적 의미다), 그럼에도 불구하고 우리는 그런 실재적인 것들이 존재하는 것처럼 행동하도록 허락되었다.

사실, 모든 사람은 그렇게 행동하면서 살아간다. 정신적으로 문제가 있는 사람들을 제외하면 말이다. 정신적으로 문제가 있는 사람들은 실재와의 관계에서 문제를 안고 살아가지만 그들도 나름대로의 일관성을 가지고 있다. 즉, 실재에 대한 자신들의 관념에 충실하며 살아가기를 고집한다. 적어도 그들에게는 거짓이 없다. 하지만 그들의 정직함이 사회 속에서 문제를 일으키기도 한다.

관념론자와 상대주의자는 정신적으로 문제가 있는 사람들은 아니다. 그들의 정신이 정상이라는 것은 두 가지를 통해 증명된다. 첫째, 그들의 삶을 통해 증명된다. 역설적이게도 그들은 자신들이 이론적으로 거부하는 실재에 대한 개념에 순응하면서 살아간다. 둘째, 그들이 존재하지 않는다고 주장하는 기준점들에 의지하면서 살아간다. 만일 그들이 자신의 사상에 따라 살아간다면 그들의 사상은 훨씬 더 높이 평가될 것이다. 하지만 그들은 오히려 자신의 사상에 따라 살지 않으려고 노력한다. 머리로는 자신의 사상을 받아들이지만 삶에서는 받아들이지 않으며, 실제의 삶에서는 자신의 사상을 거부하고 다른 사람들처럼 살아간다.

그리스도인은 진지하기 때문에 사상을 가지고 장난치지 않는다. 남들의 이목을 끄는 희한한 거미집을 만들어 자기를 과시하는 것에서 즐거움을 느끼지 않는다. 그의 모든 신념은 실제적이다. 그리고 신념을 철저히 실천한다. 이 세상이나 내세에서 자기의 신념 때문에 살기도 하고 죽기도 하며, 일어서기도 하고 쓰러지기도 한다. 진지하지 않은 사람은 상대하지 않는다. 진지하고 솔직한 사람이 세상이 실제로 존재한다고 믿는다. 그가 잠들었다 깨어나면 세상이 자기 앞에 있다는 것을 인정한다. 존재하지도 않는 세상을 자기의 생각으로 만들어냈다고 믿지 않는다. 그가 태어날 때 이 세상은 그를 기다리고 있었다. 그가 이 세상의 삶을 마치고 떠나려 할 때에도 세상이 그에게 작별 인사를 하려고 여전히 이곳에 있을 것임을 그는 잘 안다.

이 사람은 인생의 깊은 지혜를 가졌기에 의심하는 천 명의 사람보다 더 지혜롭다. 그는 자신의 얼굴을 스치는 바람과 빗방울을 느끼기 때문에 그것들이 실재한다는 것을 안다. 낮에는 해가 보이고 밤에는 별이 보인다. 짙은 뇌운(雷雲)에서 내리치는 번개가 보인다. 자연의 소리가 들리고, 사람들의 즐거운 환성과 고통의 부르짖음이 들린다. 이 모든 것이 실재함을 그는 잘 안다. 밤에 잠자리에 누우면서 '잠자는 동안 땅이 사라지면 어떻게 하나' 걱정하지 않는다. 다음 날 아침에 일어나면 단단한 땅이 아래에, 파란 하늘이 위에, 나무와 바위가 주변에 그대로 있다. 전날 밤 눈을 감았을 때처럼 말이다. 이 사람은 실재의 세계 안에 살면서 즐거워한다.

그는 오감을 통해 실재의 세계와 소통한다. 육체적 생존에 필요한 모든 것을 이해하고 파악하기 위해 사용하는 정신적 기능들은 그를 창조하시고 이와 같은 세상에 있게 하신 하나님께서 주신 것이다.

우리가 살펴본 실재의 개념에 의해 판단할 때 하나님은 분명히 실재하신다. 그분의 실재성(實在性)은 절대적이고 최종적이다. 다른 어떤 존재에게도 그런 실재성은 없다. 다른 모든 실재는 그분에게 의존한다. 궁극적 실재는 그분뿐이시다. 그분은 우리 인간을 포함해 모든 피조세계를 이루고 있는 '하등적(下等的)이고 의존적인 실재들'을 만든 분이시다. 우리가 그분에 대해 어떤 개념을 갖고 있더라도 그것과 관계없이 그분은 객관적으로 존재하신다. 존재하지도 않는 하나님을 예배자가 마음속으로 만들어내는 것이 아니다. 영적 죽음의 잠에서 깨어나 중생(重生)의 아침을 맞이할 때, 예배자는 그전부터 이미 이 세상에 계신 그분을 발견한다.

믿음은 상상이 아니다

우리가 정리해야 할 또 하나의 단어는 '의지(依支)하다'이다. 이것은 머릿속에 그리는 것, 즉 상상에 기초를 두지 않는다. 상상은 믿음이 아니다. 상상과 믿음은 서로 다를 뿐만 아니라 극명하게 반대된다. 상상은 존재하지 않는 것을 생각으로 만들어낸 후 그것이 존재한다고 믿는 것이다. 그러나 믿음은 없는 것을 만들어내지 않는다. 이미 존재하는 것을 의지하는 것이 믿음이다.

하나님과 영적 세계는 실재한다. 그렇기에 우리가 그분과 영적 세계를 의지하는 것이 가능하다. 눈에 보이는 주변 세계에 그렇게 할 때처럼 확신 가운데 이루어질 수 있는 일이다. 영적인 것들은 거기에 있으면서(좀 더 정확히 말하면, 여기에 있으면서) 우리의 관심과 믿음을 요구한다.

우리의 문제는 잘못된 생각의 훈련에 길들여졌다는 것이다. 눈에 보이는 세계는 실재한다고 생각하면서 나머지는 의심한다. 우리는 영적 세계의 존재를 부정하지 않지만, 그 세계가 일반적으로 받아들여지는 실재성의 의미에서 실재한다는 것은 의심한다.

감각의 세계는 밤낮으로 우리의 관심을 독차지하려는 시도를 포기하지 않는다. 이 세계는 시끄러운 소리를 내며 집요하게 그 모습을 드러낸다. 우리의 오감을 자꾸 자극하면서 "나를 최종적 실재로 받아들여라"라고 소리친다. 죄의 구름에 덮인 우리 마음의 눈은 '저 다른 실재'(하나님의 도성)가 우리 주변에서 빛을 발하고 있는 것을 보지 못한다. 그러다 보니 감각의 세계가 승리한다. 눈에 보이는 것이 눈에 보이지 않는 것의 원수가 되었고, 시간적인 것이 영원한 것의 적이 되어버렸다. 비극에 빠진 아담의 모든 후손이 이런 저주스런 것을 물려받았다.

그러나 그리스도인의 삶의 뿌리에는 보이지 않는 것에 대한 믿음이 있다. 그의 믿음의 대상은 보이지 않는 실재다.

보이는 것들이 도처에서 우리에게 영향을 끼치고 있고, 또 우리의 육신적 마음이 앞을 보지 못하기 때문에 우리의 생각은 오류에 물들어 있다. 그 결과, 영적인 것과 실재적인 것을 서로 극과 극으로 생각하는 버릇이 우리에게 생겼다. 하지만 영적인 것과 실재적인 것 사이에는 대립이 없다. 진짜 대립은 다른 데 있다. 실재와 상상 사이에, 영적인 것과 물질적인 것 사이에, 시간적인 것과 영원한 것 사이에 있다. 영적인 것은 실재한다.

어느 세계를 선택할 것인가

진리의 성경을 통해 우리에게 분명히 손짓하는 '저 빛과 능력의 세계'에 이르기를 원하는가? 그렇다면 영적인 것을 무시하는 악한 습관부터 버려라. 우리는 보이는 것에서 보이지 않는 것으로 관심을 돌려야 한다. '보이지 않는 큰 실재'가 바로 하나님이시기 때문이다. 성경은 "하나님께 나아가는 자는 반드시 그가 계신 것과 또한 그가 자기를 찾는 자들에게 상 주시는 이심을 믿어야 할지니라"(히 11:6)라고 가르친다. 이것이 믿음생활의 기초다. 이 기초에서 시작해 오르기 시작하면 지극히 높은 저곳까지 이를 수 있다. 우리 주 예수 그리스도께서는 "하나님을 믿으니 또 나를 믿으라"(요 14:1)라고 말씀하셨다. 먼저 하나님을 믿지 않고는 예수님을 믿을 수 없다.

하나님을 진정으로 따르기 원한다면, 내세 지향적인 사람이 되려고 힘써야 한다. 물론, 나는 세상 사람들이 '내세'라는 말을 경멸의 뜻으로 사용해 왔다는 것을 잘 안다. 그들은 그리스도인을 비난하는 뜻으로 이 말을 사용해 왔다. 좋다! 하지만 사람은 누구나 자기의 세계를 선택해야 한다. 그리스도를 따르는 우리는 세상의 일들과 우리의 지향점이 다르다는 것을 잘 알고 있다. 그렇기에 우리가 의도적으로 하나님의 나라를 관심의 영역으로 삼는 것은 전혀 비난받을 일이 아니다.

이런 선택으로 인해 무엇을 잃는다면 우리는 그 손실을 감당할 것이다. 반면, 이런 선택으로 인해 무엇을 얻는다 해도 우리가 누군가에게서 무엇을 빼앗는 것은 아니다. '내세'라는 말은 이 세상에서 경멸의 대상이 되었고, 술주정꾼의 조롱의 노래에 등장한다. 그러나 우리는 내세를 소중한 목표로 선택했고, 가장 거룩한 동경의 대상으로 삼는다.

여기서 우리가 자주 범하는 실수가 있다. 그것은 내세를 미래의 일로 치부해버리는 것이다. 내세는 미래의 것이 아니라 현재의 것이다. 내세는 우리에게 친숙한 '눈에 보이는 세계'와 나란히 가며, 이 두 세계 사이의 문은 열려 있다. "그러나 너희가 이른 곳은"이라는 표현으로 시작되는 히브리서 기자의 말은 다음과 같이 분명히 현재시제로 기록되어 있다.

"그러나 너희가 이른 곳은 시온산과 살아 계신 하나님의 도성인 하늘의 예루살렘과 천만 천사와 하늘에 기록된 장자들의 모임과 교회와 만민의 심판자이신 하나님과 및 온전하게 된 의인의 영들과 새 언약의 중보자이신 예수와 및 아벨의 피보다 더 나은 것을 말하는 뿌린 피니라"(히 12:22-24).

이 구절이 말하는 모든 것은 "만질 수 있고 불이 붙는 산"(히 12:18) 및 "[귀에 들릴 수도 있는] 나팔 소리와 말하는 소리"(히 12:19)와 대조를 이룬다. 시내산의 실재가 오감에 의해 포착되었듯이 시온산의 실재가 영혼에 의해 포착될 수 있다고 말해도 무방할 것이다.

이런 영혼의 작용은 교묘한 상상력을 통해서 일어나는 것이 아니라 거짓 없는 현실감각을 통해 일어난다. 영혼은 볼 수 있는 눈과 들을 수 있는 귀를 갖고 있다. 이 눈과 귀가 오랫동안 사용되지 않았기 때문에 많이 약해져 있겠지만, 생명을 주시는 그리스도의 손길이 닿으면 다시 살아나 밝히 보고 분명히 들을 수 있게 된다.

하나님께 관심을 온전히 집중하면 영적인 것들이 내면의 눈앞에 그 모습을 드러낼 것이다. 하나님은 그리스도의 말씀에 순종하는 자의 내면에 찾아가 스스로를 나타내실 것이다(요 14:21-23). 마음이 깨끗한 자가 하나님을 볼 것이라는 말씀처럼, 그분의 말씀에 순종하는 자는 영적 지각(知覺)이 밝아져 그분을 보게 될 것이다. 그러면 새로운 '하나님 의식(意識)'으로 충만해질 것이고, 우리의 생명이요 모든 것이 되시는 그분을 맛보고 듣고 내적으로 느끼게 될 것이다. "참 빛 곧 세상에 와서 각 사람에게 비추는 빛"(요 1:9)이 끊임없이 우리에게 비출 것이다. 우리의 영적 지각은 더욱 예민해지고 확실해질 것이며, 하나님이 우리의 모든 것이 되어 주실 것이고, 그분의 임재가 우리 삶의 영광과 기이함이 될 것이다.

●

하나님! 제가 영원한 것들을 붙들도록 제 안의 모든 능력을 되살려 주소서. 제 눈을 열어 보게 하소서. 예민한 영적 지각을 허락하소서. 당신을 맛보고 당신의 선하심을 알 수 있는 능력을 주소서. 이제까지 경험했던 이 세상의 어떤 것보다 천국이 더욱 확실한 실재로 느껴지게 하소서. 예수님의 이름으로 기도합니다. 아멘.

여기 계시는 하나님

내가 주의 영을 떠나 어디로 가며 주의 앞에서 어디로 피하리이까

시 139:7

기독교의 모든 가르침에서는 어떤 기본적 진리들이 발견되기도 하고, 때로는 숨겨져 있기도 하다. 그리고 기독교의 모든 가르침이 이런 기본적 진리들을 명시적으로 주장하지는 않지만, 당연한 것으로 받아들이기도 한다. 이 기본적 진리들은 모든 진리를 위해 필요하다. 이런 기본적 진리 중 하나가 하나님의 내재성(內在性)이다.

하나님은 그분의 피조세계 안에 거하시며, 그분이 만드신 모든 것 안에 임재하신다. 이 임재는 분할(分割)되지 않는다. 이것은 선지자와 사도들이 담대하게 외쳤던 것이며, 기독교 신학은 일반적으로 이를 받아들인다. 그러나 신학 서적에서는 읽을 수 있는 이 진리가 대부분의 그리스도인들에게 믿음의 일부로 자리 잡을 정도로 뿌리를 내리지는 못했다. 기독교 선생들이 이 진리에 담긴 많은 의미들을 외면하며, 혹시 언급한다 해도 아주 작은 소리로 말하기 때문에 이 진리가 우리에게 거의 의미를 갖지 못한 것이다. 내가 볼 때, 그들은 범신론자라는 비난을 받게 될까봐 두려워하는 것 같다. 하지만 하나님의 내재성의 교리는 절대 범신론이 아니다.

범신론의 오류는 너무나 분명하기 때문에 범신론에 속는 사람은 없다. 범신론은 피조물 전체가 곧 하나님이라고 주장한다. 이 사상에 의하면, 자연과 하나님이 하나이기 때문에 나뭇잎 하나 또는 돌 하나를 만지는 것이 곧 하나님을 만지는 것이다. 그러나 이것은 썩지 아니하는 하나님의 영광을 격하시키는 것이며, 만물을 신적 존재로 만들려고 시도하다가 결국 세계 전체에서 모든 신성을 제거하는 것이다.

하나님이 그분의 세계 안에 거하시지만, 그분과 세계 사이에는 영원히 건널 수 없는 심연이 존재한다. 그분의 손으로 창조된 것들과 그분 사이에 아무리 깊은 관련이 있다 할지라도 그것들은 그분이 아니며, 앞으로도 영원히 그분이 될 수 없다. 뿐만 아니라 그분은 그것들보다 선행(先行)하시며 그것들에서 독립해 계신다(이렇게 되는 것이 너무나 당연하다). 그분은 그분의 모든 피조물에 내재하시지만 동시에 그것들을 초월하신다.

여기에 계시는 하나님

그렇다면 하나님이 내재하신다는 것은 그리스도인의 구체적 체험에서 어떤 의미를 갖는가? 쉽게 대답하자면, '하나님이 여기에 계신다'라는 것을 의미한다. 우리가 어디에 있든지, 그분은 그곳에 계신다. 그분이 계시지 않는 곳은 없으며, 그런 곳이 생길 가능성도 없다. 천만의 천사가 우주의 천만 곳에 무한한 간격을 두고 흩어져 있다 할지라도 모두가 한 목소리로 "하나님이 여기에 계신다"라고 소리칠 수 있다. 어떤 지점(地點)도 다른 지점보다 그분께 더 가까이 있지 않다. 어떤 장소든 다른 장소만큼 그분께 가까이 있다. 단순히 거리의 차원에서 말하자면, 어떤 사람도 다른 어떤 사람보다 그분께 더 가까이 있지도 않고 그분으로부터 더 멀리 있지도 않다.

이것들은 기독교에 대해 배운 그리스도인이라면 누구나 믿는 진리다. 이것이 우리의 마음속에서 열정의 불로 타오를 때까지 우리는 이를 깊이 생각하고 기도의 제목으로 삼아야 할 것이다.

성경은 "태초에 하나님이"(창 1:1)라는 말로 시작된다. 태초에 물질이 있었던 것이 아니다. 물질은 자기 스스로를 만들어 내지 못하기 때문이다. 물질이 존재하려면 선행하는 원인이 있어야 하는데, 그 원인이 바로 하나님이시다. 태초에 법칙이 있었던 것도 아니다. 법칙은 모든 피조세계의 운행을 지배하는 행로(行路)에 붙여진 이름에 불과하기 때문이다. 태초에 정신이 있었던 것도 아니다. 정신도 창조된 것이므로, 그 배후에는 창조자가 있어야 하기 때문이다. 태초에 하나님이 계셨다. 이분은 다른 원인을 갖지 않으시며 오히려 물질과 법칙과 정신의 원인이 되신다. 우리는 바로 이 점에서 출발해야 한다.

아담은 범죄했다. 두려움에 사로잡힌 그는 불가능한 것을 이루려고 필사적으로 노력했다. 그 불가능한 것은 하나님의 임재에서 피하여 숨는 것이었다. 다윗도 그분의 임재에서 도망하려는 무모한 생각을 품었던 것이 분명하다. 그가 "내가 주의 영을 떠나 어디로 가며 주의 앞에서 어디로 피하리이까"(시 139:7)라고 고백했기 때문이다. 이 고백 다음에 이어지는 그의 가장 아름다운 시편 중 하나는 하나님의 내재성의 영광을 찬양한다.

"내가 하늘에 올라갈지라도 거기 계시며 스올에 내 자리를 펼지라도 거기 계시니이다 내가 새벽 날개를 치며 바다 끝에 가서 거주할지라도 거기서도 주의 손이 나를 인도하시며 주의 오른손이 나를 붙드시리이다"(시 139:8-10).

다윗은 '하나님의 계심'(God's being)과 '하나님의 보심'(God's seeing)이 동일하다는 것을 깨달았다. 임재하여 보시는 분이 그가 태어나기 전부터 그와 함께 계셔서 생명의 신비로운 전개(展開)를 지켜보셨다는 것도 깨달았다. 솔로몬은 "하나님이 참으로 땅에 거하시리이까 하늘과 하늘들의 하늘이라도 주를 용납하지 못하겠거든 하물며 내가 건축한 이 성전이오리이까"(왕상 8:27)라고 기도했다. 사도 바울은 아덴 사람들에게 복음을 전하며 "그는 우리 각 사람에게서 멀리 계시지 아니하도다 우리가 그를 힘입어 살며 기동하며 존재하느니라"(행 17:27,28)라고 했다.

임재의 나타나심을 경험하라

하나님이 우주의 어느 곳에나 계시다면, 우리가 어디를 가든지 그분이 계시다면, 심지어 그분이 계시지 않는 곳을 상상할 수도 없다면, 이 임재의 하나님이 어찌하여 세상에서 한 목소리로 찬양을 받지 못하시는가? 족장 야곱은 "황무지에서, 짐승이 부르짖는 광야에서"(신 32:10) 이 질문에 대답했다. 그는 하나님을 보았고, 놀라움을 금치 못하며 "여호와께서 과연 여기 계시거늘 내가 알지 못하였도다"(창 28:16)라고 외쳤다. 순간을 무수히 잘게 나누어 '순간의 조각'이라고 부를 것 같으면, 어느 '순간의 조각'에도 야곱은 만유 안에 충만히 임재하는 분 밖으로 나간 적이 없었다. 다만, 그가 '여기에 계신 하나님'을 몰랐을 뿐이다. 이것이 그의 문제였고, 또 우리의 문제다. 사람들은 그분이 여기에 계시다는 것을 알지 못한다. 만일 알게 된다면 얼마나 큰 차이가 생기겠는가!

'임재'와 '임재의 나타남'은 동일하지 않다. 둘 중 하나가 없다면 다른 하나도 없다. 그분이 여기에 계시다는 것을 우리가 전혀 몰라도 그분은 여기에 계신다. 그러나 그분은 우리가 그분의 임재를 의식할 때에만 나타나신다. 우리가 할 일은 하나님의 영에게 굴복하는 것이다. 아버지와 아들을 우리에게 나타내는 것이 성령님의 일이기 때문이다. 우리가 사랑하는 마음으로 하나님께 순종한다면 그분은 자신을 나타내실 것이다. 이런 그분의 나타남이 있느냐 없느냐에 따라, '그분의 얼굴의 빛으로 빛나는 삶'이냐, 아니면 '이름뿐인 그리스도인의 삶'이냐가 결정될 것이다.

하나님은 언제, 어디에나 임재하시며, 그분 자신을 나타내기를 늘 원하신다. 각각의 사람에게 그분은 자신이 존재하신다는 것뿐만 아니라 자신이 어떤 분이신지를 드러내기 원하신다. 그분이 누군가의 설득을 듣고 자신을 모세에게 나타내실 필요는 없었다. 성경은 "여호와께서 구름 가운데에 강림하사 그와 함께 거기 서서 여호와의 이름을 선포하실새"(출 34:5)라고 말한다. 그분이 말로 그분의 본질을 선포하셨을 뿐만 아니라 바로 그분 자신을 모세에게 나타내셨을 때 모세의 얼굴 피부가 초자연적인 빛으로 빛났다. 그분이 자신을 나타내시겠다는 약속이 말 그대로 사실이라는 것을 믿는다면, 정말 복된 일이 될 것이다. 그분의 약속이 많지만, 애당초 성취할 의도가 없었던 것은 약속하지 않으셨다는 것을 믿는 자는 복이 있다.

하나님을 찾으려는 우리의 시도가 성공할 수 있는 이유는 오로지 그분이 우리에게 자신을 나타내려고 늘 노력하시기 때문이다. 그분이 어떤 사람에게 그분을 드러내시는 사건은 어떤 중요한 일로 언젠가 인간의 영혼을 잠깐 방문하기 위해 멀리서 찾아오는 것처럼 이루어지지 않는다. 그렇게 생각한다면 완전히 오해다. 하나님이 인간을 찾아오시고 인간이 그분을 찾아가는 것이 공간적 개념으로 이해되어서는 안 된다. 인간과 그분 사이의 만남에는 물리적인 거리의 개념이 들어 있지 않다. 이 만남은 거리의 문제가 아니라 경험의 문제다.

하나님께 가깝다거나 그분에게서 멀어졌다거나 하는 말은 평범한 인간들 사이의 관계에 대해 말할 때 사용되는 개념을 이용하여 말하는 것이다. 어떤 사람이 "내 아들은 나이를 먹을수록 내게 더 가까이 온다"라고 말한 경우를 생각해보자. 하지만 사실 그의 아들은 태어나서 지금까지 늘 그의 곁에 있었다. 평생 하루이틀 이상 집을 떠난 적이 없었다. 그렇다면 이 사람의 말은 무슨 의미인가? 그는 경험에 대해 말하고 있음이 분명하다. 그의 말은, 그의 아들이 그를 더욱 친밀하고 깊이 이해하게 되었다는 것이며, 두 사람의 생각과 감정 사이의 장벽이 사라지고 있다는 것이며, 부자(父子)의 생각과 마음이 더욱 깊이 연합한다는 것이다.

그러므로 "내가 매일 십자가 앞에 더 가까이 가오니"라는 찬송가를 부를 때 우리는 '장소의 근접'이 아니라 '관계의 가까움'을 생각하게 된다. 우리는 하나님을 점점 더 많이 의식하게 해달라고, 즉 그분의 임재를 더욱 완전히 의식하게 해달라고 기도한다. '존재하지 않는 신'을 부르기 위해 우주 저쪽까지 들리도록 고함을 지를 필요가 없다. 그분은 우리의 영혼보다 가까이 계시고, 우리의 가장 은밀한 생각보다 더 가까이 계신다.

영적 수용성

어떤 이들은 하나님을 발견하는데 왜 다른 이들은 그렇지 못한가? 왜 그분은 어떤 이들에게는 그분의 임재를 드러내면서도, 다른 이들은 그리스도인의 불완전한 경험의 어슴푸레한 빛 속에서 겨우 겨우 살아가게 하시는가? 물론, 모든 이를 향한 그분의 뜻은 동일하다. 그분은 그분의 권속(眷屬) 안에서 어떤 차별도 하지 않으신다. 그분은 이제까지 그분의 자녀를 위해 행하신 모든 것을 앞으로도 그분의 자녀를 위해 행하실 것이다. 그분을 찾거나 못 찾거나 하는 문제의 원인은 그분께 있지 않고 우리에게 있다.

아름다운 생활과 증거로 인해 널리 알려진 20명의 위대한 성도를 임의로 뽑아보라. 성경의 인물이든 성경 시대 이후의 유명한 그리스도인이든 상관없다. 당신은 성도들이 똑같지 않았다는 사실에 즉시 감동 받을 것이다. 때로는 그들 사이의 차이점이 너무 극명하게 눈에 띌 것이다. 예를 들어, 모세와 이 사야가 얼마나 달랐는가! 엘리야와 다윗이 얼마나 달랐는가! 요한과 바울의 차이가 얼마나 컸는가! 프랜시스와 루터, 찰스 피니와 토마스 아 켐피스의 경우는 또 어떤가? 그들의 차이는 인간의 삶 자체만큼이나 컸다. 인종, 국적, 교육, 기질, 습관, 개인적 자질에 이르기까지 아주 차이가 많았다. 하지만 각자의 시대에서 그들은 보통의 길보다 훨씬 높은 길, 즉 영적 삶의 길을 걸었다.

틀림없이 그들 사이의 차이점은 부차적인 것이었을 것이며, 하나님의 눈에 무의미하게 보였을 것이다. 그런데 어떤 지극히 중요한 한 가지 자질에서 그들은 똑같았다. 그것이 무엇인가?

그들에게 공통적으로 나타난 한 가지 중요한 점은 '영적 수용성'(受容性)이라고 나는 감히 말하고 싶다. 그들 안의 그 무엇이 하늘을 향해 열려 있었고, 그들로 하여금 하나님을 향하도록 강한 충동을 심어주었다.

이제 나는 심오한 분석 같은 거창한 것을 굳이 시도하지 않고 단도직입적으로 말하겠다. 그들에게는 영적 의식(意識)이 있었고, 그 영적 의식을 계속 키워나가서 결국 그것을 삶의 가장 중요한 부분으로 만들었다! 그들이 보통 사람들과 달랐던 점은 마음속에 영적 갈망을 느끼면 그에 대해 어떤 식으로든 반응했다는 것이다. 이런 영적 반응의 습관을 평생 갖고 살았고, 하늘로부터 주어지는 환상에 불순종하지 않았다. 그들의 이런 습관은 다윗의 탁월한 시에서도 잘 나타난다.

"너희는 내 얼굴을 찾으라 하실 때에 내가 마음으로 주께 말하되 여호와여 내가 주의 얼굴을 찾으리이다 하였나이다"(시 27:8).

인간 삶의 모든 선한 것과 마찬가지로, 이 영적 수용성도 하나님이 주시는 것이다. 그분의 주권이 여기에 작용한다. 그분의 주권을 신학적으로 특별히 강조하지 않는 사람들조차 그분의 주권을 느낀다. 경건한 마이클 안젤로(Michael Angelo)는 14행시(소네트)에서 이것을 이렇게 고백했다.

당신의 도움 없는 내 마음은 불모의 땅이나이다
자신의 힘으로는 아무 영양분도 줄 수 없나이다
당신은 선하고 아름다운 열매의 씨앗이오니
그 씨앗은 당신의 말씀이 있는 곳에서만 소생하나이다
당신이 진리의 길을 우리에게 보여주지 않으시면
누구도 찾을 수 없으니
당신이 인도하소서

하나님께서 우리 안에서 일하심을 인정하는 것은 중요하지만, 이에 대한 생각에 지나치게 빠져 있는 것은 좋지 않다. 이런 생각에 계속 빠져 있으면 적극적 활동에서 멀어져 결국에는 아무 열매도 맺지 못하게 될 것이다. 하나님의 선택과 예정과 주권 같은 신비들을 우리가 이해하지 못한다 해도 그분께 추궁을 당하지는 않을 것이다. 이런 진리들에 대한 가장 안전하고 좋은 대응법은 눈을 들어 그분을 보며 지극히 공손한 태도로 "오, 주여! 당신이 아시나이다"라고 말씀드리는 것이다. 이런 것들은 그분의 전지성(全知性)의 깊고 신비한 영역에 속한다. 이런 것들을 꼬치꼬치 따지고 드는 사람은 신학자는 될 수 있겠지만 성도는 되지 못할 것이다.

수용성은 단일한 것이 아니라 영혼 안에서 몇 가지가 섞인 복합적인 것이다. 수용성은 어떤 것과 잘 맞는 것이고, 무엇으로 자꾸 기울어지는 경향이며, 무엇에 동정적으로 반응하는 것이고, 무엇을 갖고 싶어 하는 욕구다. 이런 관점에서 수용성은 개인에 따라 정도의 차이를 보이기 때문에 이것이 적은 사람도 있고 많은 사람도 있다. 이것은 훈련에 의해 늘어날 수도 있고, 그냥 내버려두면 줄어들 수도 있다. 이것은 하늘로부터 내려와 우리를 꽉 사로잡는 불가항력적이고 주권적인 힘이 아니다. 이것이 하나님의 은사이지만, 이것을 주신 그분의 목적을 이루어드리려면 다른 은사들과 마찬가지로 이것을 인정하고 키워나가야 한다.

은사를 훈련하고 키워나가라

현대의 복음주의는 이 사실을 깨닫지 못했기 때문에 중병에 걸려 있다. 은사를 키워나가고 훈련한다는 개념이 옛 성도들에게는 그토록 소중했지만, 우리의 신앙관에서는 눈을 씻고 봐도 보이지 않는다. 이런 개념이 우리에게는 너무 느리고 너무 진부하게 느껴진다. 지금 우리는 눈부시게 화려한 것과 빠르게 진행되는 극적 행동을 요구한다.

버튼만 누르면 모든 것이 척척 돌아가는 자동화 시대에 성장한 그리스도인 세대는 목표 달성의 방법이 느리고 우회적인 것을 참지 못한다. 그들은 기계 시대의 방법들을 하나님과의 관계에도 적용하려고 노력해왔다. 성경 한 장을 읽고 짧게 기도한 다음 황급히 밖으로 나가는데, 다른 신앙집회에 가거나 최근 먼 곳에서 돌아온 종교 모험가의 스릴 넘치는 이야기를 듣고 내면의 깊은 공허를 메우고자 함이다.

이런 얄팍한 신앙의 비극적 결과들이 우리 주위에 널려 있다. 깊이가 없는 삶, 알맹이가 빠진 신앙관, 재미로 치우치는 신앙집회, 사람에게 영광을 돌리는 것, 종교적 형식에 의지하려는 태도, 신앙적 냄새만 살짝 풍기고 얼른 인간 중심으로 돌아가는 친교, 세상적인 판촉 방법의 도입, 인간의 열정을 성령의 능력으로 착각하는 오해. 이와 같은 것들이 악한 병, 즉 뿌리 깊은 영혼의 중병의 증상들이다.

우리의 이 중병에 대해 어느 한 사람에게 책임이 있는 것은 아니다. 그렇지만 어느 그리스도인도 이에 대한 비난을 면할 수는 없다. 우리 모두가 이런 슬픈 현상에 직접적으로나 간접적으로 원인을 제공했다. 눈이 멀었기 때문에 보지 못했고, 혹시 보았어도 두려워서 솔직히 말하지 못했다. 자만에 빠진 우리는 "다른 이들도 이 정도의 영적 식사에 만족하는데 나라고 더 좋은 것을 먹을 필요가 있나?"라고 말하면서 열악한 식사에 만족했다. 다르게 표현한다면, 서로의 생각을 받아들이고, 서로의 생활을 모방하고, 서로의 삶을 자기의 모범으로 삼았다. 그러다 보니 한 세대 동안 악화일로를 걸었고, 그을어 검게 된 왕바랭이(볏과의 한해살이풀)와 모래 밖에 없는 하류(下流)의 땅에 이르렀다. 가장 나쁜 것은 우리의 낮은 경험 수준에서 진리의 말씀을 해석하고, 이 하류의 땅을 복된 푸른 초장으로 여기는 것이다.

이 시대의 마수 같은 손아귀에서 벗어나 성경의 방법들로 돌아가려면 마음을 굳게 먹고 큰 용기를 내야 한다. 불가능한 일이 아니다. 과거 그리스도인들도 때로 그렇게 해야 했다. 역사의 기록을 보면 프랜시스, 마르틴 루터 및 조지 폭스(George Fox, 1624~1691. 퀘이커교파의 창시자) 같은 이들의 지도 아래 이런 일이 대규모로 몇 번 일어났다. 불행하게도 현재에는 루터나 조지 폭스 같은 사람이 우리의 시야에 들어오지 않는 것 같다. 이런 일이 그리스도의 재림 전에 또 일어날지 어떨지에 대해서는 그리스도인들 사이에서도 의견이 분분하지만, 이 논란이 현재 우리에게 아주 중요한 것은 아니다.

하나님께서 앞으로 언젠가 그분의 주권 가운데 세계적 규모로 어떤 일을 이루실지 알고 있다고 주장하려는 생각은 없다. 하지만 그분이 그분의 얼굴을 구하는 이들을 위해 무슨 일을 이루실지에 대해서는 알고 있으며, 사람들에게 말해줄 수 있다. 누구라도 진지한 마음으로 하나님께 돌아온다면, 누구라도 훈련을 통해 경건에 이른다면, 누구라도 신뢰와 순종과 겸손을 통해 영적 수용성의 능력을 키워나간다면, 더 연약하고 더 열매 없던 시절에 꿈꿨던 것보다 훨씬 더 좋은 것들을 이루게 될 것이다.

참된 마음으로 하나님께 돌아와 회개해서 이제까지의 선입견의 족쇄를 깨뜨리고 성경의 영적 기준을 발견한 사람은 성경의 교훈으로 인하여 크게 기뻐하게 될 것이다.

다시 말하지만, 하나님의 우주적 임재는 사실이다. 그분은 여기에 계신다. 온 우주는 그분의 생명으로 가득 차 있다. 그분은 낯설고 이질적 하나님이 아니시며, 수천 년 동안 죄 많은 인류를 사랑으로 품어주신 우리 주 예수 그리스도의 친근한 아버지이시다.

그분은 언제나 우리의 주의를 끌어 자신을 나타내시고 우리와 소통하려고 애쓰신다. 그분이 내민 손을 잡으려는 의지만 있다면 그분을 알 수 있는 능력이 우리 안에 있다. 그분의 제의에 반응하는 것이 그분을 찾는 것이다! 우리의 수용성이 믿음과 사랑과 훈련에 의해 더욱 완전해질수록 그분을 더욱 깊이 알게 될 것이다.

●

하나님 아버지, 눈에 보이는 것들에 너무 빠져 있던 죄를 회개합니다. 제 눈에는 세상이 너무 크게 보였습니다. 당신이 줄곧 여기에 계셨지만 알지 못했나이다. 당신의 임재를 보지 못했습니다. 제 안과 주위에 계신 당신을 볼 수 있게 눈을 열어주소서. 예수님의 이름으로 기도합니다. 아멘.

The Pursuit of God

PART 2

생동하는 믿음을 회복하라

chapter 06

하나님은
지금도 말씀하신다

> 태초에 말씀이 계시니라 이 말씀이 하나님과 함께 계셨으니 이 말씀은 곧 하나님이시니라 요 1:1

기독교의 진리를 배우지 않았더라도 일반적인 사고력을 가진 사람이라면 요한복음 1장 1절을 보면서 "말씀하는 것, 즉 자신의 생각을 다른 존재에게 전달하는 것이 하나님의 본성이라고 가르치려는 의도가 요한에게 있었다"라고 결론 내릴 가능성이 높다. 이런 결론은 옳다. 말은 생각을 표현하는 수단인데, 이것을 영원한 아들 예수 그리스도에게 적용할 때, 우리는 자기 표현이 하나님의 본성이라고, 그분이 피조세계에게 분명히 말씀하고자 애쓰신다고 믿을 수밖에 없다. 이는 성경 전체가 지지하는 사상이다.

하나님은 말씀하신다. 과거에 말씀하고 끝내신 것이 아니라 현재에도 말씀하고 계신다. 계속적으로 말씀하시는 것이 그분의 본성이다. 그분은 '말씀하시는 음성'으로 온 세상을 채우신다.

우리가 깊이 생각해보아야 할 사실 중 하나는 그분의 세상 안에 있는 그분의 음성이다. 하나님이 말씀하셨고, 그 말씀대로 되었다! 이것은 우주 창조에 대한 가장 간단하면서도 유일하게 만족스런 설명이다. 자연법칙이 현재와 같이 존재하는 이유는 피조세계에 내재하시는 그분의 살아 있는 음성 때문이다.

말씀하시는 하나님

그렇다고 우주를 창조한 이 음성이 곧 성경을 의미한다고 해석해서는 안 된다. 이 음성은 손으로 쓰거나 인쇄된 말씀이 아니라, 그분의 의지를 표현하여 만유의 구조를 만들어낸 음성이기 때문이다. 그분의 음성은 살아 있는 가능성을 세상에 충만케 하는 그분 입의 기운이다. 하나님의 음성은 자연에서 가장 강력한 힘이다. 아니, 자연 안에서 유일한 힘이다. 능력으로 충만한 말씀이 그분의 입에서 나올 때에만 비로소 에너지가 이 세상에 존재하기 때문이다.

성경은 하나님의 기록된 말씀이지만, 기록이기 때문에 어쩔 수 없이 잉크와 종이와 가죽이라는 불가피한 요소들에 갇히고 제한된다. 그러나 그분의 음성은, 주권적 하나님이 자유로우시듯 자유롭고 생동감 넘친다. 예수님은 "내가 너희에게 이른 말은 영이요 생명이라"(요 6:63)라고 말씀하셨다. 생명은 하나님의 입에서 나오는 말씀 안에 있다. 성경 안에 있는 그분의 말씀은 우주 안에 있는 그분의 말씀에 일치하는 한에서만 능력을 갖는다. 기록된 말씀이 전능의 능력을 갖게 하는 것은 그분의 '현재의 음성'이다. 이 음성이 없다면 기록된 말씀은 성경책의 앞뒤 표지에 갇힌 채 힘을 발휘하지 못할 것이다.

하나님께서 목수처럼 물질에 직접 손을 대어 사물의 모양을 만들고 조립하고 건축해서 천지를 창조하셨다고 보는 것은 유치한 생각이다. 성경은 그런 식의 천지창조를 말하지 않고 이렇게 증언한다.

"여호와의 말씀으로 하늘이 지음이 되었으며 그 만상을 그의 입 기운으로 이루었도다 … 그가 말씀하시매 이루어졌으며 명령하시매 견고히 섰도다"(시 33:6,9).

"믿음으로 모든 세계가 하나님의 말씀으로 지어진 줄을 우리가 아나니"(히 11:3).

하나님께서 여기서 언급하시는 것이 '그분의 기록된 말씀'이 아니라 '그분의 입에서 나오는 음성'이라는 것을 다시 기억해야 한다. 이 음성은 그분의 세계 안에 꽉 차있는 음성이요, 셀 수 없을 정도로 긴 세월의 간격을 두고 성경보다 앞서는 음성이요, 창조의 시작부터 이제까지 침묵하지 않은 음성이요, 지금도 우주의 먼 곳까지 충만히 울려 퍼지는 음성이다.

하나님의 말씀은 살아 있고 능력이 있다. 태초에 그분이 무(無)에게 말씀하시니 무엇인가가 생겼다. 혼돈이 그분의 말씀을 듣고 질서로 변했고, 어둠이 말씀을 듣고 빛이 되었다.

"하나님이 이르시되 … 그대로 되니라"(창 1:9).

쌍둥이 같은 이 두 문장은 창세기의 천지창조 이야기에서 '원인과 결과'로서 반복적으로 등장한다. '하나님이 이르시되'는 '그대로 되니라'를 설명해주고, '그대로 되니라'는 '하나님이 이르시되'를 현재진행형으로 바꾼 것이다.

'하나님이 여기에 계신다'라는 것과 '하나님이 말씀하고 계신다'라는 것, 이 두 가지 진리가 성경의 다른 모든 진리들의 배후에 있다. 이 두 진리가 없다면 계시라는 것은 전혀 있을 수 없다. 그분이 책 한 권을 써서 심부름꾼을 통해 인간 세계로 보내시면서 "너희 인간들은 내게서 어느 정도 떨어진 곳에서 내 도움 없이 이 책을 읽고 깨달아라"라고 말씀하신 것이 아니다. 그분의 말씀이 한 권의 책이 되었고, 그분은 기록된 말씀 안에 살면서 계속 말씀하시며, 그 말씀의 능력을 오랜 세월 지속시키신다. 그분이 흙에 생기를 불어넣으셨을 때 그것이 사람이 되었지만, 그분이 사람들에게 입김을 불으시면 그들은 흙이 된다. "너는 흙이니 흙으로 돌아갈 것이니라"(창 3:19)라는 말씀은 아담의 타락 때에 그분이 만인에게 죽음을 선고하면서 하신 말씀이다. 그분은 이 말씀 다음에 다른 말씀을 더 붙이실 필요가 없었다. 출생에서 시작되어 무덤에서 끝나는 인류의 슬픈 행렬이 온 지면(地面)에서 일어난다는 사실은 그분이 다른 말씀을 더 붙이실 필요가 없었다는 것을 증명해준다.

"참 빛 곧 세상에 와서 각 사람에게 비추는 빛이 있었나니"(요 1:9)라는 요한복음의 심오한 말씀에 대해서는 아직 우리가 충분히 생각해보지 않았다. 이 말씀의 구두점을 우리가 원하는 대로 요리조리 바꾸어보아도 이 말씀에 담긴 근본 진리는 동일하다. 그것은 하나님의 말씀이 영혼 안의 빛으로서 만인의 마음에 영향을 준다는 것이다! 만인의 마음속에서 이 빛이 비춰고 이 말씀이 울려 퍼지기 때문에 누구도 이 빛과 말씀을 피할 수 없다. 하나님이 살아 계셔서 그분의 세계 안에 계시다면 이와 같은 일이 반드시 일어날 수밖에 없다. 요한은 실제로 그렇다고 증언한다. 성경에 대해 들어본 적이 없는 사람들에게도 말씀이 아주 분명하게 전해졌기 때문에 그들은 영원히 변명할 수 없다.

"이런 이들은 그 양심이 증거가 되어 그 생각들이 서로 혹은 고발하며 혹은 변명하여 그 마음에 새긴 율법의 행위를 나타내느니라"(롬 2:15).

"창세로부터 그의 보이지 아니하는 것들 곧 그의 영원하신 능력과 신성이 그가 만드신 만물에 분명히 보여 알려졌나니 그러므로 그들이 핑계하지 못할지니라"(롬 1:20).

고대 히브리인들은 하나님의 이런 우주적 음성을 종종 '지혜'라고 불렀다. 사람들은 이 음성이 모든 곳에서 울려 퍼지고, 온 지면을 샅샅이 뒤지고, 사람의 아들들의 반응을 기대한다고 말했다. 잠언 8장은 "지혜가 부르지 아니하느냐 명철이 소리를 높이지 아니하느냐"(잠 8:1)라는 말로 시작된다. 이렇게 말한 다음 잠언의 저자는 지혜를 "길 가의 높은 곳과 네거리에"(잠 8:2) 서 있는 아름다운 여인으로 묘사한다(저자는 영어성경 KJV에 근거하여 말한다 - 역자 주). 이 여인은 그녀의 음성을 못 듣는 사람이 없도록 도처에서 목소리를 높였다.

"사람들아 내가 너희를 부르며 내가 인자들에게 소리를 높이노라"(잠 8:4).

그런 다음 어리석은 자들과 미련한 자들에게 그녀의 말에 귀를 기울이라고 호소했다. 그러나 하나님의 지혜가 이처럼 사람들의 영적 반응을 갈구했음에도 그런 반응을 거의 얻지 못했다. 영원한 행복이 우리가 듣는 데 달려 있음에도, 우리의 귀가 듣지 않도록 훈련되었다는 것이 비극이다.

들음에도 깨닫지 못하는 귀

이 우주적 음성은 이제까지 늘 울려 퍼졌다. 이 음성은 종종 어떤 이들을 번민에 빠뜨렸는데, 심지어 그들이 두려움의 원인을 알지 못할 때에도 그러했다. 계속 떨어지는 이슬비처럼 사람들의 마음에 방울져 떨어지는 이 음성 때문에 양심의 가책을 느꼈던 것인데, 그들이 깨닫지 못했던 것은 아닐까? 기록의 역사(歷史)가 시작된 이래 무수한 사람들이 고백한 불멸에의 동경이 이 음성 때문인데 우리가 몰랐던 것은 아닐까? 우리는 이 문제에 당당히 맞서는 것을 두려워해서는 안 된다. 말씀하시는 음성은 부인할 수 없는 사실이다. 이 문제에 관심 있는 사람은 사람들이 이 음성에 어떻게 반응했는지에 주목해야 한다.

하나님께서 하늘로부터 우리 주님에게 말씀하셨을 때, 자기중심적인 사람들은 그것을 듣고도 그저 자연현상이라고 설명하면서 "천둥이 울었다"(요 12:29)라고 말했다. 현대과학의 뿌리에는 그분의 음성을 자연의 법칙으로 설명해보려는 이런 태도가 자리 잡고 있다. 그러나 살아 숨쉬는 이 우주 안에는 신비로운 존재가 있다. 이 존재는 너무 신비롭고 너무 놀랍기 때문에 어떤 인간도 이해할 수 없다. 믿는 사람은 이 존재를 이해한다고 주장하지 않고, 다만 무릎 꿇고 "하나님"이라고 속삭인다. 땅에 속한 사람도 무릎을 꿇지만, 예배하기 위해서는 아니다. 조사하고 연구하고 사물의 원인과 과정을 알기 위해 무릎을 꿇을 뿐이다.

지금 우리는 공교롭게도 세속화된 시대에 살고 있기에, 예배자의 사고방식이 아니라 과학자의 사고방식을 갖고 있다. 숭모(崇慕)하기보다는 설명하기를 더 좋아한다. "천둥이 울었다"라고 말하고는 계속 세속적 방법으로 살아간다. 그러나 하나님의 음성은 여전히 울려 퍼지며 그 음성에 반응할 자를 찾는다. 이 세상은 그분의 음성에 의지하여 생명과 질서를 유지하지만, 사람들은 대개 너무 바쁘거나 너무 완고해서 그분의 음성에 주의를 기울이지 않는다.

설명할 수 없는 경험들이 우리 각자에게 다 있을 것이다. 예를 들면 너무나 큰 우주 앞에 섰을 때 느끼는 놀라움이나 경외감, 또는 갑자기 엄습하는 외로움 같은 것 말이다. 또는 우리 태양계의 태양이 아닌 다른 어떤 태양에서 나오는 빛처럼 찰나적으로 스쳐가는 빛을 보고 "아, 우리가 다른 세계에서 왔구나. 우리의 기원이 하나님으로부터 온 것이 맞아!"라고 중얼거리는 경험 말이다. 이런 경험들을 통해 보거나 듣거나 느낀 것은 학교에서 배운 것과 모순되고, 과거의 모든 신념이나 견해와 큰 차이가 있었을 것이다. 잠시 구름이 걷혀 우리가 직접 듣고 보았던 순간에는 이런 경험들에 대한 평소의 의심을 일시적으로나마 억눌렀을 것이다.

물론, 이런 경험들을 자기 입맛대로 이렇게 혹은 저렇게 해석하는 사람들이 있다. 그러나 이 세계 안에 계신 하나님께서 인류와 소통하려고 애쓰시기 때문에 이런 경험들이 주어지는 것일 수도 있다는 가능성을 인정하지 않는다면, 이것들을 공정하게 다루는 것이 아니다. 이런 가능성을 쉽게 부정하는 경박함에 빠지지 말자.

인간이 이 세상에서 만들어낸 아름답고 좋은 모든 것은 죄 때문에 눈 먼 인간이 땅 위에 울려 퍼지는 하나님의 창조적인 음성에 '불완전하게' 반응해서 생긴 것이다(이런 신념에 동의하지 않는 사람이 있다 해도 나는 언짢게 생각하지 않을 것이다). 미덕에 대해 아주 고상한 이론을 제시하는 도덕철학자, 하나님과 불멸에 대해 깊은 사색을 보여주는 종교 사상가, 그리고 평범한 재료를 사용하여 영속적이고 순수한 아름다움을 표현하는 예술가나 시인이 이 세상에 있다. 우리는 이런 사람들을 어떻게 설명할 것인가? 단지 "천재니까 그렇게 한다"라는 설명만으로는 충분치 못하다. 그렇다면, 천재가 무엇인가? 말씀하시는 음성에 사로잡혀 희미하게 깨달은 것을 미친 듯이 노력하여 끝까지 밀고나가 탁월한 경지에 이른 사람이 천재다.

이런 뛰어난 사람이 줄기찬 노력 중에 하나님을 놓쳤다 해도, 심지어 하나님을 대적하는 말을 하거나 글을 썼다 해도 나의 이런 해석이 무너지는 것은 아니다. 구원의 믿음을 갖고 하나님과 화평하려면 성경에 기록된 그분의 속량의 계시가 절대적으로 필요하다. 마음속에 희미하게 생기는 불멸에의 동경이 안식과 만족을 주는 하나님과의 교제로 발전하려면 부활의 구주에 대한 믿음이 필수적이다. 이것이 그리스도로부터 나오는 가장 좋은 것들에 대한 적절한 설명이라고 나는 믿는다. 물론, 이런 내 해석을 받아들이지 않아도 당신은 훌륭한 그리스도인이 될 수 있다.

들으려는 자에게 들리는 음성

하나님의 음성은 우호적인 음성이다. 이 음성에 저항하겠다고 마음먹은 사람이 아니라면 이 음성 듣기를 두려워할 필요가 없다. 예수님의 보혈은 인류뿐만 아니라 온 피조세계에 미친다. 성경은 이렇게 말한다.

"그의 십자가의 피로 화평을 이루사 만물 곧 땅에 있는 것들이나 하늘에 있는 것들이 그로 말미암아 자기와 화목하게 되기를 기뻐하심이라"(골 1:20).

하늘에 계신 분이 우리 편이라고 설교해도 좋다. 땅뿐만 아니라 하늘도 떨기나무 안에 거하셨던 분의 호의로 가득 차 있다. 이것은 완전한 속죄의 피를 통해 영원히 달성된 것이다.

듣겠다는 의지가 있는 사람은 하늘의 음성을 들을 것이다. 하지만 지금은 들으라는 권고를 좋아하는 시대가 아니다. '듣는 것'이 인기 있는 종교의 일부가 아니기 때문이다. 오히려 우리는 그 정반대되는 곳에 서 있다. 현대의 종교는 소란, 대형화, 분주한 활동 그리고 고함소리를 통해 하나님께 가까이 갈

수 있다는 해괴한 이단을 받아들였다. 그러나 낙심할 필요는 없다. 마지막 큰 싸움의 격랑에 휘말려 있는 이스라엘 백성에게 "너희는 가만히 있어 내가 하나님 됨을 알지어다"(시 46:10)라고 말씀하신 하나님께서 지금도 동일하게 말씀하신다. 이 말씀을, 우리의 힘과 안전이 시끄러운 소리에 있지 않고 고요함에 있다는 말씀으로 받아들여도 전혀 문제없을 것이다.

하나님을 기다리며 가만히 있는 것은 아주 중요하다. 주변에 다른 사람이 없을 때 혼자서 그렇게 하는 것이 가장 좋다. 앞에 성경을 펴놓는다면 금상첨화다. 이런 상태에서는 마음만 먹으면 그분께 가까이 가서 우리의 마음에 들리는 그분의 음성을 들을 수 있다. 내가 볼 때, 일반적으로는 다음과 같은 과정을 밟는 것 같다.

첫째, 동산에서 거니는 분에게서 나는 소리 같은 소리가 들릴 것이다. 그 다음에는 음성이 들리는데, 이 음성은 어느 정도 알아들을 만한 것이지만 그래도 아주 명확하지는 않다. 그 다음에는 성령께서 성경 말씀에 빛을 비춰주시는 복된 순간이 찾아온다. 그렇게 되면 단지 소리에 불과했거나 기껏해야 음성에 지나지 않았던 것이 이해 가능한 말씀으로 변한다. 이 말씀은 친한 친구가 옆에서 해주는 말처럼 따뜻하고 친밀하고 분명한 말씀일 것이다. 그 다음에는 생명과 빛이 찾아올 것인데, 가장 좋은 것은 능력이 주어진다는 것이다. 이 능력은 구주이시자 주님이시며 모든 것이신 예수 그리스도를 보고, 받아들이고, 그분 안에서 안식할 수 있는 능력이다.

살아 있는 말씀으로 주어진 성경

하나님께서 우주 안에서 그분의 뜻을 분명히 말씀하실 수 있다는 확신이 생기기 전에는 성경이 '살아 있는 책'이 되지 못한다. 대부분의 경우, 차갑고 비정한 세상에서 살아오다가 독단적이라는 인상을 주는 성경의 주장을 갑자기 받아들이는 것은 쉽지 않다. 물론, 성경을 하나님의 말씀으로 받아들여야 한다는 것은 그들도 인정할지 모른다. 또 그렇게 믿으려고 애쓸지도 모른다. 하지만 성경에 기록된 말이 실제로 자기를 위한 것이라고 믿는 것이 불가능하다고 느낄 것이다. 그들은 "이 말씀은 나를 향한 말씀이다"라고 말하지만, 그 말씀이 실제로 자기에게 주어지는 말씀이라고 마음속으로 느끼거나 아는 것이 불가능할 수도 있다. 이 불쌍한 사람들은 '분열된 심리' 때문에 이렇게 된 것이다. 그들은 하나님이 오직 책에서만 말씀하시고 그 밖의 다른 모든 곳에서는 침묵하시는 분이라고 믿으려고 애쓴다.

우리의 불신앙의 많은 부분이 진리의 성경에 대한 잘못된 개념과 감정 때문에 생긴다는 것이 내 신념이다. 어떤 이들은 이렇게 말한다.

"침묵하시던 하나님이 갑자기 책에서 말씀하기 시작하셨지만, 이 책이 완성되자 다시 영원한 침묵 속으로 들어가 버리셨다. 지금 우리가 읽는 책은 그분이 말씀하고 싶은 기분이 들었을 때 잠시 말씀하신 것을 기록한 것이다."

이런 식으로 생각하니 어찌 믿을 수 있겠는가! 분명히 말하지만, 그분은 침묵하신 적이 없고, 지금도 침묵하지 않으신다! 삼위일체의 제2위격이 '말씀'이라고 불리신다. 성경은 하나님의 계속적인 말씀의 불가피한 산물(產物)이다. 성경은 우리를 위한 그분의 생각을 인간의 친밀한 언어로 기록한 오류 없는 선언이다.

성경이 하나님의 과거 말씀을 기록한 책일 뿐만 아니라 현재 그분의 음성을 들려주는 책이라는 믿음을 갖고 성경을 대하면, 현재의 혼탁한 신앙적 안개가 걷히고 새로운 미래가 펼쳐질 것이다. 선지자들은 "여호와께서 이렇게 말씀하셨다"라는 표현을 즐겨 사용했다. 그들은 그들의 말을 듣는 자들이

'하나님의 말씀하심'이 현재진행형이라는 것을 깨닫기 원했다. 과거의 어떤 때에 그분이 어떤 말씀을 하셨다는 것을 전하기 위해 과거시제를 사용하는 것은 온당하다. 하지만 그분은 과거에 했던 말씀을 통해 지금도 계속 말씀하신다. 이것은 과거에 한 번 태어난 아기가 계속 살아가거나, 과거에 한 번 창조된 세계가 계속 존재하는 것과 같은 이치다. 물론 이것도 불완전한 비유다. 왜냐하면 아기는 언젠가는 죽고 우주는 결국 다 타서 없어질 것이기 때문이다. 영원히 없어지지 않는 것은 우리 하나님의 말씀뿐이다.

주님을 알기 위해 계속 노력할 생각이 있다면, 열린 성경 앞으로 즉시 나아가 성경이 당신에게 말하기를 기다려라. 만일 성경이 당신의 기분에 따라 마음껏 가지고 놀 수 있는 만만한 것이라고 생각한다면 아예 성경에 손을 대지 말라. 성경은 물건이 아니라 음성이며, 살아 계신 하나님의 말씀이다!

●

주님, 듣는 법을 제게 가르치소서. 이 시대는 시끄럽고, 제 귀는 거슬리는 천 가지 소리의 끊임없는 공격에 지쳤습니다. "말씀하옵소서 주의 종이 듣겠나이다"라고 당신께 말씀드리던 어린 사무엘의 마음을 제게 주소서. 제 마음이 말씀하시는 당신의 음성을 듣게 하소서. 당신의 음성의 소리에 익숙해지게 하소서. 그리하시면 이 땅의 소리들이 사라지고 오직 당신의 말씀하시는 음성만이 들릴 때 그 말투가 제 귀에 익숙할 것입니다. 예수님의 이름으로 기도합니다. 아멘.

chapter
07

마음의 눈으로
주님을 바라보라

믿음의 주요 또 온전하게 하시는 이인 예수를 바라보자 히 12:2

정직하고 머리 좋은 사람이 처음으로 성경을 읽게 되었다고 가정해보자. 그는 성경의 내용을 전혀 모른 채 성경을 읽게 된다. 그에게는 아무런 선입견이 없다. 그가 증명해야 할 것도, 변호해야 할 것도 없다.

이런 사람이 성경을 읽으면 오래 읽지 않아도 성경의 몇 가지 두드러진 진리에 주목하게 될 것이다. 이 진리들은 하나님께서 사람들을 다루신 기록의 이면(裏面)에 있는 영적 원리들이다. 이것들은 "성령의 감동하심을 받은 사람들"(벧후 1:21)을 통해 성경에 기록되었다.

성경을 계속 읽어 내려갈 때 이 사람은 그의 눈길을 사로잡는 이 진리들에 번호를 매기고 각 번호 밑에 짧은 요약을 덧붙일 수 있다. 그 요약들이 그가 뽑아낸 성경의 교리들이다. 성경을 더 읽어 내려간다 해도 이 교리들은 변하지 않고, 다만 증보(增補)되고 강화될 뿐이다. 이 사람은 성경이 실제로 가르치는 것들을 발견한 것이다.

성경이 가르치는 것들을 적은 목록에서 윗자리를 차지하는 것은 믿음의 교리이다. 성경이 믿음의 중요성을 매우 강조한다는 것이 아주 분명히 드러나기 때문에 이 사람은 믿음의 중요성에 주목하지 않을 수 없다. 그는 사람의 삶에서 믿음이 절대적으로 필요하다고 결론 내릴 것이다.

"믿음이 없이는 하나님을 기쁘시게 하지 못하나니"(히 11:6).

믿음은 하나님의 나라 안에서 내게 무엇이든지 줄 수 있고, 나를 어디든지 데려갈 수 있다. 믿음이 없다면 하나님께 나아갈 수 없으며 죄 사함, 해방, 구원, 교제, 영적 생활이 전혀 불가능하게 된다.

이 사람이 성경을 읽어 내려가다가 히브리서 11장에 이르면, 거기에 나오는 유창한 믿음의 찬가가 왠지 친근하게 느껴질 것이다. 여기에 이르기 전에 그는 이미 로마서와 갈라디아서에 나오는 바울의 탄탄한 믿음의 변증을 읽었을 것이다. 그가 성경을 다 읽은 후에 교회사를 공부한다면, 믿음이 기독교에서 차지하는 중심적 위치를 가르친 종교개혁가들의 교훈이 얼마나 놀라운 힘을 발휘하는지를 알게 될 것이다.

그렇다면 생각해보자. 믿음이 그토록 중요하다면, 믿음이 하나님을 찾는 데 그토록 필수적인 것이라면 한 가지 중대한 질문이 떠오른다. 이 지극히 중요한 선물, 즉 믿음이 우리에게 있는가? 이 질문 앞에 선 우리는 자신의 현재 마음 상태를 잘 알기 때문에 여유가 생기면 곧 믿음의 본질에 대해 깊이 생각하기 시작할 것이다. 즉, '내게 믿음이 있는가?'라는 질문은 '믿음이 무엇인가?'라는 질문으로 바뀔 것이다. 자신에게 믿음이 있는지를 확인하려면 우선 믿음이 무엇인지를 알아야 한다.

성경은 믿음에 대해 어떻게 말하는가

믿음을 주제로 설교를 하거나 글을 쓴 사람들 대부분이 믿음에 대해 거의 동일하게 말하는 바가 있다. 그들에 따르면 믿음은 '약속'을 믿는 것이며, 하나님의 말씀을 액면 그대로 받아들이는 것이고, 성경을 진리로 여기고 그 말씀 위에서 당당히 걷는 것이다. 그리고 대개 그들의 설교나 책의 나머지 부분은 믿음으로 기도의 응답을 받은 사람들의 간증으로 채워진다. 이런 사람들의 간증은 대부분 건강, 돈, 신체적 보호 또는 사업의 성공 같은 현세적이고 실질적인 부분에서 기도 응답을 받았다는 것이다.

만일 믿음에 대해 메시지를 전하거나 책을 쓴 사람이 철학적 성향을 갖고 있다면 다른 방향으로 이야기를 끌고 갈 것이다. 이해하기 힘든 복잡한 형이상학으로 우리의 머리를 아프게 하거나 심리학 용어를 잔뜩 소개하면서 믿음에 대해 정의(定義) 내리고, 다시 그 정의를 고치는 과정을 반복할 것이다. 비유적으로 말하면, 믿음이라는 얇은 머리카락을 깎아내고 또 깎아내어 결국 믿음은 미세한 톱밥처럼 변해 사라지고 말 것이다. 이런 사람의 설교를 들은 청중은 실망을 느끼면서 자리에서 일어나 예배당에 들어올 때 통과한 문을 다시 통과해 예배당 밖으로 나갈 것이다. 그리고 그들의 머릿속에서는 '이건 아니다! 이것보다 더 좋은 그 무엇이 있어야 한다!'라는 소리가 메아리칠 것이다.

성경은 믿음을 정의하기 위해 특별한 노력을 기울이지 않는다. 내가 아는 한, 성경이 내리는 믿음의 정의는 히브리서 11

장 1절의 말씀이 전부다.

"믿음은 바라는 것들의 실상이요 보이지 않는 것들의 증거니"(히 11:1).

그런데 이 말씀조차 믿음을 철학적으로 정의하지 않고 기능적으로 정의한다. 즉, 믿음의 본질이 무엇인가를 말하지 않고 믿음이 어떻게 작동하는지를 말한다. 믿음이 무엇인지를 말하지 않고, 믿음이 있다는 것을 전제한 후 그 믿음이 어떤 결과를 낳았는지 보여준다.

우리는 성경이 가는 데까지만 가야 한다. 그 이상 가지 않는 것이 지혜로운 일이다. 성경은 믿음이 어디로부터 오는지, 또 어떤 수단을 통해 오는지를 말해준다.

"[믿음은] … 하나님의 선물이라"(엡 2:8).

"믿음은 들음에서 나며 들음은 그리스도의 말씀으로 말미암았느니라"(롬 10:17).

여기까지가 우리가 분명히 알 수 있는 것이다. 토마스 아켐피스의 말을 조금 풀어서 말하자면, "나는 믿음의 정의를 아는 것보다 차라리 믿음으로 사는 편을 택한다."

내가 이제까지 이렇게 정리를 했으므로, "믿음은 ~이다"라는 표현이나 그와 유사한 표현이 이 장(章)에 나오면, 그것이

신자에 의해 발휘되어 활동 중인 믿음을 가리킨다고 이해하기 바란다. 이제부터는 믿음의 정의에 더 이상 매달리지 않고, '활동 중에 체험되는 믿음'에 대해 말하고자 한다. 우리의 사고는 이론적인 것에 집착하지 않고 실제의 영역에서 움직일 것이다.

믿음은 활동한다

민수기의 극적인 이야기(민 21:4-9)에서는 믿음이 '활동하는 믿음'으로 제시된다. 이스라엘 사람들이 낙심함으로 하나님께 불평했을 때 여호와는 그들 가운데 불뱀들을 보내셨다.

"여호와께서 불뱀들을 백성 중에 보내어 백성을 물게 하시므로 이스라엘 백성 중에 죽은 자가 많은지라"(민 21:6).

모세가 그들을 위해 여호와께 간구했고, 그분은 뱀에 물린 자들을 위해 치료법을 가르쳐주시며 모세에게 "불뱀을 만들어 장대 위에 매달아라 물린 자마다 그것을 보면 살리라"(민 21:8)라고 말씀하셨다. 모세는 순종했고, "뱀에게 물린 자가 놋뱀을 쳐다본즉 모두 [살았다]"(민 21:9).

신약성경에서 이 중요한 역사적 사건에 대한 해석을 제시해주신 권위자는 다름 아닌 우리 주님이시다. 주님은 구원 얻는 방법에 대해 청중에게 설명해주셨다. 구원의 방법은 믿음이었다! 이 점을 아주 분명히 하시고자 그분은 민수기에 나오는 이 사건에 대해 이렇게 언급하셨다.

"모세가 광야에서 뱀을 든 것같이 인자도 들려야 하리니 이는 그를 믿는 자마다 영생을 얻게 하려 하심이니라"(요 3:14,15).

이 장의 서두에 등장했던 사람이 이 말씀을 읽는다면, 그는 아주 중요한 점을 발견하게 될 것이다. 그것은 '보는 것'과 '믿는 것'이 동의어라는 점이다. 구약에 나오는 놋뱀을 보는 것이 신약의 그리스도를 믿는 것과 동일하다. 보는 것이 믿는 것이다.

또한 이 사람은 이스라엘 민족은 육신의 눈으로 보았지만, 믿음은 마음의 눈으로 본다는 것을 알게 될 것이다. 그리고 믿음은 '인간의 마음이 구원의 하나님을 보는 것'이라고 결론 내릴 것이다. 그리고 이런 결론에 이르렀다면 아마 그는 전에 읽었던 성경구절들을 기억할 것이고, 그 의미들이 물 밀 듯 다가올 것이다.

"그들이 주를 앙망하고 광채를 내었으니 그들의 얼굴은 부끄럽지 아니하리로다"(시 34:5).

"하늘에 계시는 주여 내가 눈을 들어 주께 향하나이다 상전의 손을 바라보는 종들의 눈같이, 여주인의 손을 바라보는 여종의 눈같이 우리의 눈이 여호와 우리 하나님을 바라보며 우리에게 은혜 베풀어주시기를 기다리나이다"(시 123:1,2).

하나님의 은혜를 구하는 시편 기자는 은혜의 하나님을 직시한다. 그의 시선은 은혜를 받을 때까지 그분에게서 떨어지지 않는다. 우리 주 예수님도 언제나 하나님을 보셨다. 주님에 대해 복음서는 "하늘을 우러러 축사하시고 떡을 떼어 제자들에게 주시매 제자들이 무리에게 주니"(마 14:19)라고 기록했다. 실로 예수님은, 마음의 눈으로 항상 성부 하나님을 바라보셨기 때문에 그분의 사역이 가능했다는 것을 보여주셨다. 하나님에게서 시선을 떼지 않는 것이 그분의 능력의 비결이었다(요 5:19-21 참조).

성령의 감동으로 기록된 성경이 주는 교훈의 큰 줄기는 우리가 인용한 몇 개의 성경구절의 의미와 완전히 일치한다. 이 큰 줄기가 우리를 위해 잘 요약되어 있는 곳이 "믿음의 주요 또 온전하게 하시는 이인 예수를"(히 12:2) 바라보며 삶의 경주를 하라고 가르치는 히브리서이다. 이 모든 것은 믿음이 한 번에 이루어지는 행위가 아니라 마음으로 삼위일체 하나님을 계속 바라보는 것이라고 가르쳐준다.

그러므로 믿는다는 것은 마음의 관심을 예수님께 향하게 하는 것이다. 마음의 눈을 들어 "세상 죄를 지고 가는 하나님의 어린양"(요 1:29)을 보는 것이며, 그 시선을 평생 유지하는 것이다. 그렇게 하는 것이 처음에는 어렵지만, 그 아름다운 분을 조용히, 편안히, 꾸준히 바라보면 점점 더 쉬워진다. 때로는 이런저런 것들이 끼어들어 집중을 방해하겠지만, 일단 마음이 그분께 고정되면 잠시 다른 곳으로 가서 방황하다가도 다시 그분께 돌아와 머물게 된다. 마치 멀리 가서 떠돌던 새가 다시 돌아와 창가에 앉듯이 말이다.

믿음의 눈을 그리스도께 고정하라

여기서 중요한 것이 마음을 그분께 고정하는 것이라고 나는 강조하고 싶다. 이 중요한 의지적(意志的) 행위는 언제나 예수님을 바라보겠다는 의도를 확고히 굳히는 것이다. 하나님은 이런 의도를 우리의 선택으로 여겨주신다. 그리고 우리의 주의를 산만하게 하며 힘들게 하는 것들이 이 세상에 너무 많다는 점을 감안해 우리를 너그럽게 봐주신다. 그분은 우리의 마음이 예수님을 향해 있다는 것을 아신다. 우리도 이것을 알기 때문에 스스로 위로를 받는다. 이렇게 시작된 영혼의 습관은 얼마 후에는 영적 습관으로 완전히 굳어져서 더 이상 의식적인 노력을 하지 않아도 된다.

여러 덕목(德目) 중에서 가장 자신을 의식하지 않는 것이 '믿음'이라는 덕목이다. 믿음은 본래 자신의 존재를 거의 의식하지 않는다. 자기 앞에 있는 모든 것을 보지만 자신을 보지 못하는 눈처럼 믿음은 시선이 머무는 '대상'(the Object)에 몰두할 뿐 자신에게는 관심을 갖지 않는다. 하나님을 보고 있는 동안에는 자신을 보지 않게 되는데, 이렇게 자신이 시야에서 사라지는 것은 사실 복된 일이다.

자신을 깨끗하게 하려고 엄청 몸부림쳤지만 거듭 실패만 했던 사람들이 정말로 마음의 평안을 얻는 방법은 자기의 영혼을 뜯어고치려는 노력을 중단하고 '완전한 분'을 바라보는 것이다. 그들이 아주 오랜 세월 동안 이루려고 노력했던 것들이 그리스도를 바라볼 때 이루어질 것이다. 그들 안에서 행하시는 하나님께서 그들에게 소원을 두고 행하게 하실 것이다(빌 2:13 참조).

나에게서 그리스도에게로

믿음은 공로로 인정받을 수 있는 행위가 아니다. 공로는 믿음의 대상이신 '그분'(the One)에게 있다. 믿음은 시선을 재조정하는 것이다. 우리에게 맞춰진 초점을 바꾸어 하나님께 맞추는 것이다. 죄 때문에 왜곡된 우리의 마음은 자신에게 초점을 맞추고 있었다. 불신앙으로 인해 자아는 본래 하나님이 계셔야 할 자리를 대신 차지했다. 이러한 불신앙은 "내가 … 하나님의 뭇 별 위에 내 자리를 높이리라"(사 14:13)라고 말한 계명성(Lucifer)의 죄에 근접하는 위험스런 것이다. 믿음은 '안'을 보지 않고 '밖'을 보는데, 그럴 때 삶의 모든 부분들이 믿음에 따라 움직이게 된다.

이런 모든 이야기들이 너무 간단해 보일 수도 있지만, 간단해 보인다고 해서 우습게 보면 안 된다. 도움을 얻기 위해 천국에 오르거나 지옥에 내려가려는 자들에게 하나님은 "말씀이 네게 가까[이 있다] … 곧 … 믿음의 말씀이라"(롬 10:8)라고 말씀하신다. 주님을 향해 눈을 들라고 가르치는 말씀에 따를 때 믿음의 복된 능력이 일하기 시작한다.

내면의 눈을 들어 하나님을 응시할 때 우리에게 돌아오는 것은 그분의 자비로운 눈길이다. 이것은 "여호와의 눈은 온 땅을 두루 감찰하사"(대하 16:9)라는 말씀에서도 확인된다. "나를 살피시는 하나님"(창 16:13)이라는 아름다운 고백은 하나님을 체험한 데서 나왔다. 밖을 보는 영혼의 눈과 안을 보시는 하나님의 눈이 마주칠 때, 여기 이 땅에서 천국이 시작된다. 쿠사의 니콜라스(Nicolas of Cusa, 1401~1464. 독일의 철학자, 신학자, 법학자 및 천문학자)는 사백 년 전에 이렇게 썼다.

당신의 모든 노력을 저에게 쏟으시니 제 모든 노력을 당신께 쏟아 붓습니다. 끊임없는 관심으로 저를 두르시니 모든 관심을 바쳐 당신만 바라보며 다른 것에 눈길을 주지 않습니다. 사랑의 화신이신 당신이 오직 저를 향해 다가오시니 제 사랑은 오직 당신께 향합니다. 주여, 당신의 감미로운 인자함이 극진한 사랑으로 저를 품어주지 않으면 제 삶이 무슨 의미가 있겠습니까?

나는 옛날에 살았던 이 하나님의 사람에 대해 좀 더 말하고 싶다. 이 사람은 오늘날의 그리스도인들 사이에서 별로 알려져 있지 않으며, 현대의 근본주의자들 사이에서는 전혀 알려져 있지 않다. 하지만 이 사람처럼 영적 분위기를 풍기는 사람들이나 그들이 대표하는 기독교 사상의 유파(流派)를 조금만 알아도 우리는 큰 유익을 얻게 될 것이다.

그러나 지금 이 시대는 어떤가? 이 시대의 복음주의 지도자들이 받아들이고 인정하는 기독교 서적은 천편일률적으로 동일한 사고 경향을 따른다. 이런 사고 경향에서 벗어나려는 사람은 정당의 강령에서 벗어나려는 정당인(政黨人)처럼 위험한 짓을 하는 것으로 간주된다. 이런 분위기가 오랫동안 지속되다 보니 우리는 헛배만 불러 자만에 빠지고 말았다. 독창성 없이, 맹종하듯이 서로가 서로를 모방한다. 우리가 기껏 하는 것은 주변 사람들의 말을 모방하거나, 아니면 그렇게 하는 것이 좀 미안하니까 기존에 인정된 내용을 살짝 바꾸어서 말하거나, 그것도 아니면 새로운 예화들로 때우는 것이다.

니콜라스는 진정으로 그리스도를 따르며 사랑했고, 그분께 온전히 헌신하는 빛나는 모범을 남겼다. 그의 신학은 정통이었지만 딱딱하지 않았고 오히려 향기와 아름다움으로 가득했다. 예수님의 전인격(全人格)에서 풍길 법한 그런 향기와 아름다움 말이다.

예를 들어보자. 영생에 대한 니콜라스의 개념은 그 자체로서 매우 아름답다. 내가 오해한 것이 아니라면, 그 개념은 현재 우리가 갖고 있는 개념보다 요한복음 17장 3절을 더욱 정확히 반영한다. 영생에 대한 고백이 담긴 그의 기도를 들어보자.

영생은 당신이 거룩한 관심을 갖고 저를 끊임없이 보시는 것입니다. 그렇습니다! 당신은 제 영혼의 은밀한 부분들까지 보십니다. 당신이 보시는 것이 생명을 주시는 것입니다. 그것은 당신의 지극히 감미로운 사랑을 끝없이 나누어주시는 것입니다. 그것은 사랑의 나눔을 통해 당신을 더욱 사랑하게 만드는 것입니다. 사랑으로 불타게 함으로 나를 먹이시는 것입니다. 나를 먹이심으로 내 열망에 불을 붙이시는 것입니다. 불을 붙임으로 나로 하여금 기쁨의 이슬을 마시게 해주시는 것입니다. 그 이슬을 마시게 하심으로 내 안에 생명의 샘을 심어주시는 것입니다. 생명의 샘을 심어주심으로써 그 샘이 더 커지고 영원히 지속되게 해주시는 것입니다.

마음의 눈으로 하나님을 보는 것이 믿음이라면, 모든 것을 보시는 하나님의 시선과 마주치기 위해 내면의 시선을 들어 올리는 것이 믿음이라면, 이런 믿음은 지극히 쉬운 일 중 하나이다. 지극히 필수적인 것(믿음)을 쉬운 것으로 만들어 우리 중 가장 연약하고 보잘것없는 사람까지도 행할 수 있도록 하신 것은 우리 하나님다우신 일이다.

누구에게나 열려 있는 길

이제까지 한 이야기에서 몇 가지 당연한 결론을 이끌어내는 것이 가능하다. 우선, 믿음이 복잡한 것이 아니라는 점이다. 보는 것이 믿음이므로 특별한 장치나 번잡한 종교적 절차 없이도 믿음이 가능하다. 하나님은 생사를 결정짓는 절대적으로 필요한 믿음이 언제 일어날지 모르는 사고(事故)에 종속되도록 허락하지 않으셨다.

기계는 고장 나거나 분실될 수 있고, 물은 새서 없어질 수 있고, 기록은 불 타 없어질 수 있고, 목사는 약속시간에 도착하지 못할 수 있고, 교회 건물은 불에 타 무너질 수 있다. 이런 모든 것은 인간의 마음 밖에 있는 것으로서 기계적 고장이나 사고에 취약하다. 하지만 보는 것은 마음의 문제이다. 교회에서 천 킬로미터 떨어진 곳에 있는 사람이 서 있거나 무릎을 꿇고 있거나 심지어 임종을 맞고 있다 할지라도 얼마든지 할 수 있는 것이 '마음으로 보는 것'이다.

이것은 언제라도 할 수 있는 것이다. 인간의 모든 행위 중 가장 아름다운 이 행위를 위해 어떤 때가 다른 때보다 더 유리하다고 말할 수 없다. 하나님은 구원이 초하루(민 10:10)나 거룩한 날이나 안식일에 의해 좌우되도록 하지 않으셨다. 예를 들면 토요일이나 월요일보다 부활주일에 우리가 그리스도에게 더 가까이 있는 것은 아니다. 그리스도께서 중보의 보좌에 앉아 계시는 한, 매일이 선한 날이요 모든 날이 구원의 날이다.

하나님을 믿는 복된 일은 장소의 영향도 받지 않는다. 당신이 풀먼(Pullman: 매우 안락하고 고급스런 설비가 갖춰진 특별 기차 - 역자 주)의 침대에 있든, 공장이나 주방에 있든, 마음의 눈을 들어 예수님을 바라보면 즉시 성소에 있게 된다. 하나님을 사랑하고 그분께 복종하겠다는 마음만 확고하면 어디에서든 그분을 볼 수 있다.

내가 이렇게 말하니까 혹시 반론을 제기할 사람이 있을지 모르겠다.

"당신의 말은 직업상 많은 시간을 조용한 묵상에 투자할 수 있는 수도사나 목사 같은 특별한 사람에게나 해당되는 이야기 아닙니까? 나처럼 바쁘게 일하는 사람은 홀로 있는 시간을 내기가 무척 어렵습니다."

하지만 하나님의 자녀라면 직업에 관계없이 누구에게나 내가 말한 삶이 가능하다는 이야기를 해줄 수 있는 것이 나로서는 매우 기쁘다. 사실, 열심히 일하는 많은 이들이 내가 말하는 삶을 즐겁게 실천하며 살아가고 있다. 하나님을 바라보는 것은 모든 이에게 가능하다.

많은 이들이 내가 말하는 믿음의 비결을 발견했고, 마음속에서 일어나는 것들에 크게 신경 쓰지 않고 이 습관, 즉 하나님을 마음으로 응시하는 습관을 계속 유지해 나가고 있다. 그들은 자기의 마음 안에 있는 그 무엇이 하나님을 본다고 믿는다. 이 세상의 일들에 신경을 쓰느라고 그분을 향한 의식적(意識的) 주목을 거두어들여야 할 때에도 그들 안에서는 하나님과의 은밀한 교제가 진행된다. 그러다가 눈앞에서 벌어지는 세상의 업무에서 잠시라도 벗어날 수 있는 여유가 주어지면 내면의 시선은 즉시 하나님께 다시 향한다. 이것은 많은 그리스도인이 간증하는 체험이다. 너무나 많은 이들이 간증하기 때문에 나는 지금 이 말을 하면서도 마치 내가 그들의 간증을 인용하면서 말하고 있다고 느껴진다.

그리스도 안에서 이루는 믿음의 연합

내가 이렇게 일상생활 속에서 매 순간 하나님을 바라보는 것을 강조한다고 해서 은혜의 일반적 방편들을 무가치하게 여기는 것은 아니다. 그것들은 분명히 가치가 있다. 모든 그리스도인은 개인기도를 늘 실천해야 한다. 성경을 묵상하면 영적 시선이 깨끗해지고 제대로 방향을 잡게 된다. 교회에 꾸준히 출석하면 시야가 넓어지고 다른 이들을 향한 사랑이 많아질 것이다. 봉사와 사역과 각종 활동은 모두 선한 것이며, 모든 그리스도인이 반드시 해야 할 일이다.

그러나 이런 모든 것들이 의미를 가지려면 하나님을 바라보는 내면적 습관이 그것들의 뿌리에 형성되어야 한다. 영적 눈이 열리면 육신의 눈이 끊임없이 흘러가는 이 세상의 일들을 보고 있는 동안에도 마음은 하나님을 볼 수 있게 된다.

어떤 이는 "그런 식으로 나가면 개인적 신앙을 기형적으로 강조하게 되어 신약성경의 '우리'가 이기적인 '나'로 바뀌는 것 아닌가요?"라고 걱정할지 모르겠다. 그러나 100대의 피아노가 모두 하나의 소리굽쇠를 기준으로 조율된다면 그 100대는 서로 음이 맞게 되어 있다. 100대가 서로에게 맞추는 것이 아니라 하나의 기준을 정해 그것에 따르기 때문에 결국 모두 동일한 음을 내게 된다.

이처럼 100명의 예배자가 모여 각자 그리스도를 바라보면, 서로 하나가 되어야 한다고 생각하여 하나님에게서 눈을 떼어 서로를 바라볼 때보다 오히려 더 가까워진다. 개인의 신앙이 순수해지면 공동체의 신앙도 완전해지는 법이다. 몸의 각 부분이 건강해지면 몸 전체가 더 튼튼해진다. 교회의 구성원들이 더 성숙하고 더 훌륭한 삶을 추구할 때 교회 전체가 성장한다.

이제까지 말한 것이 성공하려면 하나님을 향한 온전한 헌신과 참된 회개가 전제되어야 한다. 이것이 언급할 필요조차 없을 정도로 당연한 말이라는 사실은 하나님께 온전히 헌신한 사람만이 나의 책을 여기까지 읽었을 것이라는 점에서도 확인된다.

내면의 눈이 하나님을 응시하는 습관이 우리 안에 뿌리를 내리면, 하나님의 약속과 신약의 분위기에 더욱 부합하는 새로운 수준의 영적 생활로 발돋움하게 될 것이다. 일상적 일들로 가득한 세속의 길거리를 세상 사람들 속에 섞여 걸어갈 때에도 삼위일체 하나님이 우리의 처소가 되어 주실 것이다. 그리고 우리는 정말로 인생의 최고선(最高善)을 발견하게 될 것이다.

우리가 바랄 수 있는 모든 기쁨의 근원이 있다. 이 근원보다 더 좋은 것은 인간이나 천사의 아이디어에서 나올 수 없을 뿐만 아니라 어떤 존재양식에서도 발견될 수 없다. 이것은 모든 합리적 소원의 절대적 총합(總合)이다. 이것보다 더 위대한 것은 없다.

•

주님! 눈길을 돌려 당신을 보고 만족을 얻으라는 선한 말씀이 제 귀에 들렸습니다. 제 마음은 그 말씀에 응답하기를 갈망했지만, 희미하게나마 당신을 볼 수 있을 때까지 죄가 제 시야를 가리고 있었습니다. 당신의 보혈로 기꺼이 저를 깨끗게 해주시고 제 내면을 정결하게 하소서. 그리하시면 제가 이 땅의 순례의 모든 날 동안 베일이 걷힌 눈으로 당신을 바라볼 수 있을 것입니다. 그리고 당신이 성도들 안에서 영광을 받고 모든 신자들 안에서 찬양을 받기 위해 나타나시는 날, 저도 온전한 영광 가운데 계신 당신을 보게 될 것입니다. 예수님의 이름으로 기도합니다. 아멘.

창조주와 관계를 정립하라

하나님이여 주는 하늘 위에 높이 들리시며 주의 영광이 온 세계 위에 높아지기를 원하나이다 시 57:5

사물들의 관계가 올바로 되어 있어야 자연의 질서가 유지된다는 말은 진부할 정도로 당연한 말이다. 사물이 다른 사물과의 관계에서 정확히 제자리에 있어야 조화가 이루어진다는 것은 자명한 이치다. 인간의 세계도 이것과 전혀 다를 바 없다.

이 책의 앞부분에서 나는 근원적인 도덕적 혼란이 인간의 모든 불행의 원인이라고 암시한 바 있다. 그렇다! 인간과 하나님 사이, 그리고 인간과 인간 사이가 뒤죽박죽되었기 때문에 인간이 불행해진 것이다. 아담의 타락을 여러 가지로 해석할 수 있겠지만, 분명한 사실은 그 타락으로 인하여 인간과 그의 창조주 사이의 관계가 갑자기 변하게 되었다는 것이다. 인간은 그분에 대해 그전과는 다른 태도를 취했고, 그렇게 함으로써 창조주와 피조물 사이의 올바른 관계를 파괴했다. 인간은 의식하지 못했지만, 인간의 행복은 이 올바른 관계에서 나왔다. 그러므로 이 올바른 관계의 회복, 즉 '창조주와 피조물 관계'의 정상화가 구원의 본질이다.

하나님과 죄인 사이의 관계가 완전히 회복되면 만족스런 영적 삶이 시작된다. 그런데 이 변화는 단지 하나님 앞에 선 죄인의 법적(法的) 지위의 변화뿐만 아니라, 죄인의 본성 전체에 영향을 미치는 의식적(意識的)이고 체험적인 변화까지도 포함해야 한다. 예수님의 보혈로 이룬 속죄가 이런 변화를 법적으로 가능하게 하며, 성령의 일하심은 이런 변화가 감정적인 만족을 얻게 한다. 후자의 경우를 탁월하게 설명해주는 것이 탕자의 비유다.

탕자는 아버지의 아들로서 정당하게 누렸던 지위를 버렸기 때문에 온갖 고생과 고난을 자초했다. 본질적으로 말하자면, 그의 회복은 그가 출생 때부터 누리다가 죄악 된 행동 때문에 일시적으로 바뀌었던 '아버지와 아들 관계'를 복원한 것일 뿐이다. 탕자의 이야기는 속량의 법적 측면들에 대해서는 말하지 않지만, 구원의 체험적 측면들을 아주 아름답게 보여준다.

하나님이 기준이시다

존재하는 것들 사이의 관계를 규정하려면 무엇인가를 기준으로 삼아 시작해야 한다. 고정된 중심이 필요하다. 그래야 그것을 기준으로 다른 모든 것들을 판단할 수 있다. 이 고정된 중심에 대해서는 상대성의 법칙이 적용되지 않는다. 그리고 우리는 이 고정된 중심에 대해 '스스로 존재한다'라는 말을 절대적 의미로 사용할 수 있다. 이 중심은 바로 하나님이시다. 그분이 자신의 이름을 인류에게 알려주기 원하셨을 때 '스스로 있는 자'라는 표현보다 더 좋은 표현을 찾으실 수 없었다(출 3:14 참조). 1인칭으로 말씀하실 때 그분은 "나는 스스로 있는 자"라고 말씀하신다. 그분에 대해 말할 때 우리는 "그분은 스스로 있는 분"이시라고 말한다. 그분에게 말할 때 우리는 "당신은 스스로 있는 분이십니다"라고 말한다. 그분 이외의 다른 모든 사람과 사물은 이 고정된 중심을 기준으로 판단 받는다. 그분은 "나는 스스로 있는 자다. 나는 변하지 않는다"라고 말씀하신다.

선원이 바다에서 태양의 고도를 측정함으로 자신의 위치를 파악하듯이, 우리는 하나님을 바라봄으로 우리의 도덕적 위치를 판단해야 한다. 하나님이 우리의 기준이 되셔야 한다. 그분과의 관계에서 올바른 위치에 있을 때, 오직 그때에만 우리는 올바른 것이다. 그런 위치에서 벗어난 만큼 잘못된 것이다.

하나님을 찾는 그리스도인들이 겪는 어려움의 많은 부분은 그분을 그분 그대로 받아들이고, 그분을 기준으로 우리의 삶을 바꾸어나가려는 의지가 없기 때문에 생긴다. 우리는 그분을 우리 쪽으로 끌어당겨 우리의 기준에 그분을 맞추겠다고 고집 부린다. 우리의 육신은 그분의 엄격한 판단을 받아들이지 않으려고 애처로이 하소연하면서, 자기의 육신적인 것들을 조금만 용납해달라고 아각(Agag)처럼 자비를 구걸한다. 그러나 이런 짓들은 다 쓸데없다. 하나님을 그분 그대로 받아들이고, 그분 그대로 사랑하기를 배울 때에만 비로소 올바른 출발이 가능하기 때문이다.

그분을 더 깊이 알아갈수록, 그분이 바로 그런 분이시라는 것을 무한한 기쁨의 근원으로 여기게 될 것이다. 그분을 공경하며 그분께 감격하는 시간이 인생의 가장 큰 기쁨의 시간이 될 것이다. 그런 거룩한 시간에는 그분이 변하실 것이라는 생각조차도 너무 고통스럽게 느껴질 것이다.

여호와여, 높임을 받으소서

그러므로 이제 그분을 출발점으로 삼자. 모든 것 뒤에, 모든 것 위에, 모든 것 전에 그분이 계신다. 첫 번째 순서, 그리고 높은 등급과 지위가 그분의 것이며, 그분의 위엄과 영광이 높아지는 것이 당연하다. 스스로 존재하는 분으로서 그분은 만유를 존재하게 하셨다. 만유는 그분에게서 나와서 그분을 위해 존재한다.

"우리 주 하나님이여 영광과 존귀와 권능을 받으시는 것이 합당하오니 주께서 만물을 지으신지라 만물이 주의 뜻대로 있었고 또 지으심을 받았나이다 하더라"(계 4:11).

모든 영혼은 하나님께 속하며, 그분이 기뻐하시기 때문에 존재한다. 하나님이 누구이시고 어떤 분이신지가 드러난 이상, 우리가 누구이고 또 어떤 존재인지가 확인된 이상, 이제 그분과 우리 사이에 있을 수 있는 관계는 딱 하나다. 그것은 그분이 완전한 주권을 행사하시는 것이고, 우리가 완전히 복종하는 것이다! 우리가 그분께 모든 영광을 돌리는 것이 마땅하다. 사실, 우리에게는 그렇게 할 수 있는 능력이 있다. 그렇게 하지 않을 때에는 슬픔만 있을 것이다.

   하나님을 찾으며 따르려면 우리의 인격 전부를 그분의 인격에 복종시키는 어려움을 감수해야 한다. 이것은 법적인 개념이 아니고 아주 실제적인 개념이다. 지금 나는 그리스도 안에서 믿음으로 의롭다 함을 얻는 것에 대해 말하는 것이 아니다. 우리보다 마땅히 높은 자리에 계셔야 하는 그분을 그 자리까지 높이는 것에 대해 말하는 것이다. 그렇다! '창조주와 피조물 관계'에서 응당 그분께 돌아가야 할 경배와 복종을 우리의 전 인격을 바쳐 그분께 기꺼이 드리는 것에 대해 말하는 것이다.

   하나님을 모든 것보다 높여드리겠다는 뜻을 계속 유지하겠다고 마음먹는 순간, 우리는 무수한 세상 사람들이 걸어가는 길에서 빠져나오게 될 것이다. 거룩한 길을 계속 걸어갈수록 우리는 세상의 방법들과 맞지 않는다는 것을 점점 더 알아가게 될 것이다. 우리의 관점이 달라질 것이고, 예전과는 다른 새로운 마음이 생길 것이며, 새로운 능력이 파도처럼 밀려왔다 썰물처럼 빠져나가는 현상이 우리를 놀라게 할 것이다.

   하나님과의 관계가 달라짐에 따라 생기는 직접적인 결과는 세상과 단절하는 것이다. 타락한 사람들의 세상은 그분을 높이지 않기 때문이다. 수많은 사람들이 그분과 관계 있는 단어를 사용하여 자기의 이름을 짓고, 그분께 어느 정도 형식적 경의를 표하는 것은 사실이지만, 간단한 질문 하나로도 그분이 그들 중에서 거의 높임을 받지 못하신다는 것이 충분히 드러난다. 사람들을 붙잡고 "누가 더 높습니까?"라고 질문해보면 그들의 속마음이 금방 드러날 것이다. 하나님과 돈, 하나님과 사람들, 하나님과 자신의 욕망, 하나님과 우리의 자아, 그리고 하나님과 인간적 사랑 사이에서 양자택일해야 할 상황이 벌어지면, 항상 그분이 선택받지 못하시고 다른 것들이 더 높아질 것이다. 그들이 이런저런 말로 변명하겠지만, 평생에 걸쳐 매일 일어나는 그들의 선택은 움직일 수 없는 증거다.

"여호와여 … 높임을 받으소서"(시 21:13)라는 말은 영적 승리의 체험에서 나오는 말이다. 이것은 큰 은혜의 보물창고를 열 수 있는 작은 열쇠이며, 우리의 영혼 안에 있는 하나님의 생명에서 가장 중요한 것이다. 하나님을 찾는 사람이 그의 생활과 입술을 통해 언제나 "여호와여 높임을 받으소서"라고 말할 수 있는 단계에 이른다면, 그의 수천 가지 작은 문제가 즉시 해결될 것이다. 그리스도인으로서의 그의 삶은 이전처럼 그렇게 복잡한 삶이 아니라 아주 단순한 삶이 될 것이다. 그는 자신의 의지적인 선택으로 자기의 길을 정한 것이다. 그리고 마치 자동조종장치(automatic pilot)의 안내를 받듯 그 길로 계속 나아갈 것이다. 잠시 역풍을 맞아 그 길에서 떠난다 할지라도, 영혼 안에 내장된 비밀스런 성향에 이끌리듯 반드시 그 길로 돌아올 것이다. 그를 돕기 위해 성령님이 눈에 보이지 않게 일하시며, "별들이 … 그들이 다니는 길에서"(삿 5:20) 그를 위해 싸운다. 인생의 중심적인 문제를 해결한 그는 다른 모든 것들도 어렵지 않게 해결할 것이다.

우리가 자발적으로 모든 것을 하나님께 드린다고 해서 인간으로서의 존엄성을 잃어버리는 것도 아니고, 인간으로서 치욕을 당하는 것도 아니다. 오히려 제자리를 찾기 때문에 창조주의 형상대로 지음 받은 존재로서 높은 영광의 자리에 오르게 된다. 우리의 깊은 수치는 순리에 어긋나게 하나님의 자리를 찬탈하여 도덕적 타락에 빠진 것이었다. 찬탈한 하나님의 보좌를 그분에게 다시 돌려드리면 우리의 영광도 밝히 드러날 것이다. 그분을 다른 모든 것보다 높일 때 우리의 최고의 영광도 보장될 것이다.

자기의 뜻을 다른 존재의 뜻에 굴복시키기를 싫어하는 사람은 "죄를 범하는 자마다 죄의 종이라"(요 8:34)라는 예수님의 말씀을 기억해야 한다. 우리는 어차피 하나님의 종이 되든지 아니면 죄의 종이 되어야 한다. 죄인은 자기가 독립적 존재라고 자랑하지만, 사실은 자신의 지체(肢體)를 지배하는 죄에게 종노릇하는 약한 노예임을 알지 못한다. 그리스도에게 굴복하는 사람은 종을 잔인하게 다루는 주인을 떠나 온유하고 겸손한 새 주인을 찾은 사람이라고 할 수 있다. 그리스도께서 "내 멍에는 쉽고 내 짐은 가벼움이라"(마 11:30)라고 말씀하셨기 때문이다.

우리가 하나님의 형상대로 지음 받았으므로 그분을 우리의 모든 것으로 다시 받아들이는 것은 별로 이상할 것도 없다. 그분이 우리의 본래 거처이셨기에, 이 아름다운 태초의 거처로 다시 들어갈 때 우리의 마음은 내 집 같은 평안을 느낄 수밖에 없다.

하나님이 높아지셔야 한다는 주장의 배후에는 아주 논리적인 정당성이 숨겨져 있다는 것이 밝혀지기를 바란다. 우리가 그분의 자리를 차지하고 있는 동안에는 삶의 모든 과정이 뒤죽박죽된다. 그분을 모든 것보다 높이겠다는 위대한 결심을 하기 전에는 우리의 삶에 질서가 잡히지 않을 것이며, 그렇게 될 수도 없다.

전인적 결단이 필요하다

일찍이 하나님은 이스라엘의 제사장에게 "나를 존중히 여기는 자를 내가 존중히 여기고"(삼상 2:30)라고 말씀하셨다. 하나님나라의 이 오래된 법칙은 세월이 흐르고 세대가 바뀌었어도 여전히 변치 않았다. 성경 전체와 역사의 모든 기록은 이 법칙이 무너지지 않고 존속했다고 증언한다. 우리 주 예수님은 "사람이 나를 섬기면 내 아버지께서 그를 귀히 여기시리라"(요 12:26)라고 말씀하심으로써, 옛 법칙을 새 법칙과 연결시키셨고, 사람들을 다루시는 그분의 방법들의 본질적인 통일성을 드러내 보여주셨다.

어떤 것을 가장 잘 이해할 수 있는 방법 중에 그와 반대되는 것을 이해하는 방법이 있다. 엘리와 그의 아들들은 그들의 삶과 사역을 통해 하나님을 높인다는 조건 하에 제사장직에 올랐다. 그러나 그들이 그렇게 하지 못했을 때, 하나님은 사무엘을 보내 그분의 심판을 선언하셨다. 그분을 높이는 자들을 그분이 높여주신다는 법칙은 엘리 자신도 의식하지 못하는 상태에서 그동안 줄곧 작용해왔고, 결국 그분의 심판이 임했다. 타락한 제사장 홉니와 비느하스는 전쟁터에서 죽임을 당했고, 홉니의 아내는 아이를 낳다가 죽었으며, 이스라엘은 원수들 앞에서 도망했고, 하나님의 궤는 블레셋 사람들에게 빼앗겼으며, 늙은 엘리는 뒤로 넘어져 목이 부러져 죽었다. 엘리가 하나님을 높이지 않았기 때문에 그토록 무섭고 끔찍한 비극들이 일어났다.

이 세상에 살면서 하나님께 영광을 돌리겠다고 정직하게 노력한 거의 모든 성경의 인물을 이런 비극적인 인물들과 대조해 보자. 자기의 종들에게 말로 다 표현할 수 없는 은혜와 복을 부어주실 때 그분은 그들의 연약함을 너그럽게 봐주셨고 그들의 실패를 눈감아주셨다. 아브라함이나 야곱이나 다윗이나 다니엘이나 엘리야, 또는 그 밖의 누구의 이름이라도 대보라. 씨를 뿌린 후에 수확이 뒤따르듯 그들에게는 영광 뒤에 또 영광이 뒤따랐다. 하나님의 사람들은 모든 것 위에 하나님을 높이겠다고 굳게 마음먹었다. 하나님은 그들의 의도를 인정해주시고 그에 따라 행동하셨다. 이 두 그룹의 사람들의 운명을 가른 것은 '완전함'이 아니라 '거룩한 의도'였다.

우리는 이 법칙의 완벽한 예를 우리 주 예수 그리스도에게서 볼 수 있다. 낮은 인간의 신분으로 이 땅에 오신 그분은 자기를 낮추시고 하늘의 아버지께 모든 영광을 기꺼이 돌리셨다. 그분은 자신의 영광을 구하지 않고 그분을 보내신 하나님의 영광을 구했다. 어느 때에 그분은 "내가 내게 영광을 돌리면 내 영광이 아무것도 아니거니와 내게 영광을 돌리시는 이는 내 아버지시니"(요 8:54)라고 말씀하셨다. 이 법칙에서 너무나 멀리 떠나 있던 교만한 바리새인들은 자신을 희생하며 하나님을 높이시는 분을 이해하지 못했다. 그렇기 때문에 예수님이 "나는 … 내 아버지를 공경함이거늘 너희가 나를 무시하는도다"(요 8:49)라고 말씀하셨던 것이다.

예수님의 또 다른 말씀은 우리의 마음을 흔들어놓는 질문의 형태로 주어졌다.

"너희가 서로 영광을 취하고 유일하신 하나님께로부터 오는 영광은 구하지 아니하니 어찌 나를 믿을 수 있느냐"(요 5:44).

내가 이 말씀의 의미를 올바로 이해했다면, 예수님은 사람들 앞에서 높아지려는 욕망 때문에 믿음이 불가능해진다는 놀라운 교훈을 가르치신 것이다! 사람들에게 영광을 받기 원하는 이 죄가 종교적 불신앙의 근본적 원인이라는 말씀인가? 사람들이 믿기를 거부하는 이유로 내세우는 이런저런 지적(知的) 난제들은 배후에 있는 진짜 이유를 감추려는 연막이 아닐까? 보통 사람을 바리새인으로, 바리새인을 '하나님을 죽이는 자'(Deicide)로 만든 것이 사람들에게서 영광을 받으려는 욕망 때문이었는가? 종교적 자기의(自己義)와 공허한 예배 뒤에 있는 은밀한 원인이 바로 이것이었는가? 나는 그럴 수 있다고 믿는다. 하나님께 합당한 자리를 그분께 내어드리지 않기 때문에 인생의 모든 것이 엉망이 된다. 하나님 대신 우리 자신을 높이기 때문에 저주가 시작된다.

하나님을 향한 갈망을 갖고 있는 우리가 늘 기억해야 할 것은 그분도 소원을 갖고 계시다는 것이다. 그분의 소원은 사람의 아들들을 향한다. 좀 더 구체적으로 말하면, 다른 모든 것보다 그분을 높이겠다는 영원한 결심을 하게 될 사람의 아들들을 향한다. 그분이 보실 때 이런 사람들은 땅과 바다의 모든 보화보다 더 귀하다. 그분은 이런 사람들을 통해 그리스도 예수 안에서 우리를 향한 그분의 넘치는 인자하심을 밝히 드러내신다. 아무 방해도 받지 않고 자유롭게 그들과 동행하시며, 그들을 향해 그분답게 행동하신다.

이런 말을 할 때 한 가지 두려움이 생긴다. 그것은 하나님께서 우리의 마음을 얻으시기 전에 우리가 머리로만 먼저 확신하는 게 아니냐 하는 것이다. '하나님 제일주의'는 그렇게 쉽게 달성되는 것이 아니기 때문이다. 이것을 행동으로 옮기겠다는 의지(意志)의 동의가 있기 전에 머리로만 이것에 동의할 수도 있다. 머릿속 상상은 그분을 높이겠다고 앞에서 달려가지만 의지는 뒤에 처져 있는데도, 우리는 우리의 마음이 이렇게 나뉘어져 있다는 것조차 모를 수도 있다. 마음이 진정한 만족에 이르려면 우리의 전인(全人)이 결심해야 한다. 하나님은 우리의 모든 것을 원하시기 때문에 우리의 모든 것을 얻기까지는 쉬지 않으신다. 우리의 일부만으로는 만족하지 않으신다.

이 문제를 갖고 구체적으로 기도하면서 그분 앞에 엎드려 거짓 없는 마음으로 말씀드리자. 진정한 마음으로 이렇게 기도하는 사람은 그분이 이 기도를 받으셨다는 징후들을 머지않아 보게 될 것이다. 하나님은 그분의 종의 눈앞에 그분의 영광을 드러내실 것이고, 그분의 모든 보화를 그가 사용하도록 허락하실 것이다. 그토록 거룩하게 구별된 일꾼은 하나님의 영광을 가로채지 않는다는 것을 잘 아시기 때문이다.

●

> 하나님! 제 모든 소유 위에 높아지소서. 오직 당신이 제 삶에서 영광을 받으신다면 이 땅의 그 어떤 보화도 제게는 하찮은 것일 뿐입니다. 제 친구들보다 높아지소서. 당신이 모든 것보다 더 높아지시

기 위해 제가 버림받아 이 땅의 한가운데 홀로 서 있어야 한다면 얼마든지 감수할 각오가 되어 있습니다. 제 안락보다 더 높아지소서. 그렇게 되기 위해 제가 육신의 안락을 잃고 무거운 십자가를 져야 한다 해도 오늘 당신께 드린 서약을 지킬 것입니다. 당신이 제 명예보다 더 높아지소서. 제가 무명(無名)의 자리까지 낮아지고 제 이름이 꿈처럼 망각될지라도, 당신을 기쁘게 해드리려는 불타는 소원으로 가득 차게 하소서. 주님, 본래 당신께 속한 영광의 자리에 오르소서. 제 야망, 제가 좋아하는 것들과 싫어하는 것들, 제 가족, 제 건강, 심지어 제 생명보다 더 높아지소서. 당신이 커지도록 제가 작아지게 하소서. 당신이 높임을 받으시도록 제가 낮아지게 하소서. 당신이 그 미천한 작은 짐승(나귀, 곧 멍에 메는 짐승의 새끼, 마 21:5 참조)을 타고 예루살렘으로 들어가셨듯이 저를 타고 앞으로 나아가소서. 그리고 아이들이 당신께 "가장 높은 곳에서 호산나"(마 21:9)라고 외치는 소리를 제가 듣게 하소서. 예수님의 이름으로 기도합니다. 아멘.

chapter 09

온유와
안식

온유한 자는 복이 있나니 그들이 땅을 기업으로 받을 것임이요 마 5:5

인간에 대해 잘 모르겠다는 이에게 인간이 어떤 존재인지를 알려주려면, 예수님이 가르치신 팔복을 거꾸로 뒤집어서 "이것이 인간이요"라고 하면 정확할 것이다. 팔복에 나오는 미덕들과 정반대되는 것들이 인간의 삶과 행동의 본질을 말해주는 특징들이기 때문이다.

인간 세상에서는 예수님이 산상설교의 서두에서 말씀하신 미덕들과 비슷한 것마저 찾아볼 수 없다. 이 세상에는 심령의 가난 대신에 천박하기 짝이 없는 자만, 애통하는 자 대신에 즐거움을 추구하는 자, 온유 대신에 오만, 의에 굶주린 자 대신에 "나는 부자고 재물이 늘어나니 부족함 없다"라고 말하는 자, 자비 대신에 잔인함, 청결한 마음 대신에 더러운 상상, 화평케 하는 자 대신에 원망하고 싸우는 자, 부당한 대우 받는 것을 기뻐하는 자 대신에 온갖 수단을 동원해 보복하는 자가 넘친다.

이런 도덕적 쓰레기가 문명사회의 구성요소가 되고 있다. 그 속에서 우리는 매순간 호흡하고, 어머니의 젖을 먹듯 이것을 마신다. 문화와 교육이 이런 것들을 아주 약간 정화하기는 하지만 근본적으로 바꾸지는 못한다. 문학이라는 것도 오히려 이런 삶이 정상이라고 합리화하기 바쁘다. 이런 쓰레기들이 우리 모두의 삶을 점점 더 쓰라린 투쟁의 장으로 만들어가는 악이라는 것을 깨달을 때, 우리는 더욱 놀라게 된다. 정신적 고통과 육체적 질병의 대부분은 죄의 직접적 결과다. 자만, 오만, 원망, 악한 상상, 악의, 탐욕과 같은 것들은 죽을 수밖에 없는 육체를 괴롭혀온 모든 질병보다 더 인간을 괴롭힌다.

이런 세상에 들려지는 예수님의 말씀은 놀랍고도 이상하다. 그럼에도 그분이 이런 말씀을 해주신 것이 아주 다행이다. 그분이 아니라면 누구도 이런 말씀을 해주지 못했을 것이기 때문이다(우리가 그분의 말씀을 듣게 된 것도 다행이다). 이 말씀은 하늘로부터 주어진 것으로, 그분은 본질적인 진리를 말씀해주신다.

앞선 팔복의 말씀에서도 그분은 자신의 개인적인 의견을 말씀하시는 것이 아니다. 그분은 개인적인 의견을 말씀하신 적이 한 번도 없다. 무엇을 추측해서 말씀하신 적도 없다. 그분은 아셨고, 지금도 알고 계신다. 그분의 말씀은 건전한 지혜나 날카로운 관찰의 집대성이라고 할 수 있는 솔로몬의 말과 같지 않다. 그분은 신성의 충만함에서 나오는 말씀을 주신다. 그러기에 그분의 말씀은 진리 자체다. 그분은 완전한 권위를 가지고 "복이 있나니"라고 말씀하실 수 있는 유일한 분이시다. 인류에게 복을 주기 위해 하늘로부터 오신 '복된 분'이시기 때문이다. 어떤 인간이 이 땅에서 행한 것보다 더 위대했던 그분의 행하심은 그분의 말씀을 뒷받침해주었다. 그러므로 그분의 말씀에 귀를 기울이는 것이 지혜다.

이 예수님은 '온유'라는 말을 짧고 명료한 문장에서 종종 사용하셨고, 어느 정도 시간이 흐른 후에 이에 대해 설명해주셨다. 또한 예수님은 마태복음에서 다음과 같이 언급하시면서 이를 우리의 삶에 적용하신다.

"수고하고 무거운 짐 진 자들아 다 내게로 오라 내가 너희를 쉬게 하리라 나는 마음이 온유하고 겸손하니 나의 멍에를 메고 내게 배우라 그리하면 너희 마음이 쉼을 얻으리니 이는 내 멍에는 쉽고 내 짐은 가벼움이라 하시니라"(마 11:28-30).

여기서 우리는 서로 대조되는 두 단어에 주목하게 되는데, 바로 '짐'과 '쉼'이다. 이 말씀에서 '짐'은 예수님 당시 산상설교를 듣던 사람들에게만 해당하는 특정한 것이 아니라, 온 인류가 져야 하는 보편적 의미의 짐을 말한다. 이는 정치적 압제나 가난이나 중노동 같은 것을 의미하지 않으며, 이런 것들보다 더 깊은 것이다. 가난한 사람뿐만 아니라 부자도 이 짐의 무게를 느끼며 살아간다. 돈을 쌓아놓고 먹고 논다고 해서 이 짐에서 벗어날 수는 없기 때문이다.

인류가 지는 짐은 무거운 것이며, 인간을 파멸시킬 수도 있다. 그분이 사용하신 단어를 볼 때, 이것은 완전히 지쳐버릴 때까지 져야 할 짐이나 고생을 의미하는데, 이런 짐에서 벗어나는 것이 '쉼'이다. 쉼은 우리가 행하는 어떤 것이 아니라, 어떤 것을 행하기를 중지할 때 찾아온다. 여기서는 그분의 온유, 바로 그것이 쉼이다.

무거운 짐, 자기사랑

그렇다면 이제 우리의 짐을 생각해보자. 이것은 전적으로 내면적인 것이다. 마음과 생각을 공격하고 몸에까지 영향을 미치는 이것은 전적으로 내면에서 일어난다. 우선, 자만의 짐이 있다. 자기사랑의 수고는 정말로 무거운 것이다. 당신이 가지고 있는 슬픔의 많은 부분이 당신을 업신여기는 사람들의 말 때문에 생긴 것은 아닌지 생각해보라. 당신이 자신을 작은 신(神)으로 만들어놓고 그것에 충성하는 한, 당신의 우상을 모욕하려는 자들이 반드시 있게 마련이다. 그런 사람이 어찌 마음의 평안을 바랄 수 있겠는가? 자신의 까다로운 자존심을 친구와 원수의 악평으로부터 지키며 온갖 모욕을 피하고자 분투하는 사람은 쉼을 얻지 못할 것이다. 이런 싸움이 몇 년 지속된다면 견딜 수 없는 짐이 될 것이다. 그럼에도 이 땅의 아들들은 이 짐을 계속 지고 다닌다. 자기에게 상처 주는 말에 일일이 반박하고, 온갖 비판에 위축되며, 무시당했다고 생각될 때마다 괴로워하고, 남이 자기보다 더 인기를 누리니까 밤잠을 설친다.

그러나 이런 짐은 전혀 질 필요가 없다. 예수님은 우리를 그분의 쉼으로 초대하시는데, 그 방법은 온유다. 온유한 사람은 누가 자기보다 큰지에 대해 전혀 신경 쓰지 않는다. 세상의 좋은 평판을 얻기 위해 노력하는 것이 쓸데없는 짓이라고 이미 오래전에 결론 내렸기 때문이다. 이런 사람은 자신에게 이렇게 속삭일 수 있을 만큼 넉넉한 유머를 가지고 있다.

"오, 그래? 네가 무시당했다고? 사람들이 다른 사람을 너보다 앞세웠다고? 네가 별 볼일 없는 존재라고 수근거렸다고? 네가 네 자신에게 하는 말을 세상이 네게 했기 때문에 상처를 받았다고? 하지만 생각해봐라. 네가 흙 속의 벌레같이 아무것도 아니라고 하나님께 말씀드린 것이 바로 어제 아니냐? 사람이 일관성이 있어야 하는 것 아니냐? 너를 낮추고 남들의 평판에 신경 쓰지 마라."

온유한 사람은 열등감 때문에 괴로워하는 겁쟁이가 아니다. 그는 자기의 도덕 생활에서는 사자처럼 담대하고 삼손처럼 강하겠지만, 자신에 대해서는 착각에 빠져 있지 않다. 그는 자신의 삶에 대한 하나님의 평가를 이미 받아들였다. 하나님이 이미 선언하신 대로 자기가 매우 약하고 무력한 존재라는 것을 안다. 그러나 역설적으로, 자기가 하나님의 눈에는 천사보다 더 귀중한 존재라는 것도 안다. "나는 아무것도 아니고 하나님이 모든 것이시다"라는 말이 그의 좌우명이다. 하나님이 자기를 봐주시는 것처럼 세상이 봐주지 않을 것임을 잘 알기 때문에 세상의 평판에 신경을 끊었다. 그분의 가치판단을 받아들였기 때문에 완벽한 쉼을 얻는다. 모든 것이 자기의 진짜 가격표를 달고 나타나 참된 가치를 인정받게 될 날이 올 것임을 믿고 참을성 있게 기다린다. 그날이 이르면, 의인들은 아버지의 나라에서 해처럼 빛날 것이다. 온유한 사람은 충분히 그때까지 기다릴 수 있다.

그동안 그는 영혼의 쉼의 자리에 이를 것이다. 온유한 마음으로 살아갈 것이고, 하나님이 자기를 지켜주시도록 기꺼이 그분께 모든 것을 맡길 것이다. 자기가 자신을 지키려는 피곤한 투쟁은 끝나고, 온유가 주는 평안을 얻은 것이다.

온유한 사람은 또한 가면(假面)의 짐에서 건짐 받을 것이다. 내가 말하는 가면은 위선이 아니다. 내가 지적하고 싶은 것은 가장 좋은 모습을 사람들에게 보여주고 진짜 자신의 내적 가난은 숨기려는 인간의 공통적인 욕구라는 것이다. 죄는 여러 가지 악한 속임수를 우리에게 썼는데, 그중 하나가 잘못된 수치심이다. 자신을 전혀 꾸미지 않고 있는 그대로 드러낼 용기를 가진 사람은 거의 없다. 자신의 진짜 모습이 폭로될 것에 대한 두려움은 마음을 갉아먹는다. 세련된 사람은 언젠가 자기보다 더 세련된 사람을 만나게 될까봐 늘 두려워한다.

많이 배운 사람은 자기보다 더 많이 배운 사람을 만나게 될까 봐 걱정한다. 부자는 자기의 옷과 자동차와 집이 언젠가 다른 부자의 것들에 비해 값싼 것으로 보일까봐 노심초사한다. 소위 상류사회라는 것은 이토록 저급한 비교의식(比較意識)을 동기 삼아 돌아간다. 하류층이라고 해서 별로 나을 것도 없다. 하류층도 그들 수준에서 역시 비교하며 경쟁한다.

이런 이야기를 웃어넘기지 말라. 이런 짐들은 실제로 존재하며, 이 악하고 비정상적인 삶의 방식에 길들여진 사람들을 서서히 죽인다. 이런 삶의 방식에 따라 여러 해 살다보면 사고방식도 그런 쪽으로 완전히 굳어지기 때문에 참된 온유가 꿈처럼 비현실적이고 하늘의 별처럼 멀리 있는 것으로 보이게 된다. 영혼을 갉아먹는 질병에 걸린 모든 자들에게 예수님은 "너희가 돌이켜 어린아이들과 같이 되지 아니하면 결단코 천국에 들어가지 못하리라"(마 18:3)라고 말씀하신다. 어린아이들은 비교하지 않기 때문이다. 자기의 것을 다른 것이나 다른 사람과 비교하지 않고 그냥 즐긴다. 하지만 나이를 먹고 죄가 그들의 마음을 충동질하면 마음속에 질투와 시기가 싹트게 되고, 다른 사람이 자기보다 더 좋은 것이나 더 큰 것을 갖고 있으면 자기의 것을 즐기지 못한다. 인생의 이른 시기에 이런 피곤한 짐이 그들의 여린 마음에 뿌리를 내려 자리 잡으면, 예수님의 도움으로 해방될 때까지는 그 아래서 신음한다.

무거운 짐, 인위적인 꾸밈

인간에게 짐을 지우는 또 다른 근원은 '인위적 꾸밈'이다. 내가 확신하건대, 대부분의 사람은 '만일 내가 경계심을 풀어버린다면 내 친구나 원수가 공허하고 빈곤한 내 영혼을 들여다보는 것은 아닌가?'라는 은밀한 두려움을 가지고 살아간다. 그러다 보니 긴장을 풀 수가 없다. 영리한 사람들은 누군가 놓은 덫에 걸려들어 비속한 말이나 바보 같은 말을 하게 될까 봐 항상 긴장하고 경계한다. 여행을 많이 한 사람들은 자기가 미처 가보지 못한 먼 곳에 대해 더 많이 이야기해줄 수 있는 마르코 폴로(Marco Polo, 1254~1324. 이탈리아의 탐험가) 같은 사람을 만나게 될까 걱정한다.

우리의 이런 비정상적인 상태는 죄의 슬픈 유산의 한 부분인데, 오늘날은 세상살이의 여러 요소들에 의해 점점 악화되고 있다. 상업 광고는 대개 이런 인위적 꾸밈의 습관을 파고든다. 이런저런 분야에 대한 강좌들이 개설되었다고 광고하면서, 돈 보이려는 욕구에 노골적으로 호소한다. 서점에서 판매되는 책들 또는 노점상이나 행상을 통해 팔리는 옷이나 화장품은 우리의 진짜 모습이 아닌 다른 모습을 연출하려는 욕구를 계속 자극해서 물건을 팔려고 한다. 인위적인 꾸밈은 예수님의 발앞에 엎드려 그분의 온유함에 굴복할 때에야 사라질 저주스런 것이다.

이것이 사라지면, 사람들이 우리에 대해 어떻게 생각하든지 상관하지 않고 오직 하나님께서 우리를 기뻐하시는지에 대해서만 신경쓰게 될 것이다. 이것이 사라지면, 남들에게 어떻게 보이는가 하는 것은 관심사의 목록에서 저 아랫자리를 차지할 것이고, 오직 우리의 진짜 모습만이 중요해질 것이다. 죄를 제외한다면 우리가 부끄러워해야 할 것은 전혀 없다. 내가 아닌 다른 존재로 보이려고 안달하는 것은 돋보이려는 악한 욕망 때문이다.

그리스도의 온유를 배우라

세상 사람들의 마음은 자만과 가면의 무거운 짐 아래서 신음하고 있다. 그리스도의 온유를 배우지 못하면 이 짐에서 벗어날 길은 없다. 날카롭고 훌륭한 논리적 설득이 아주 조금 도움이 될 수도 있겠지만, 이 악은 워낙 강하기 때문에 한쪽으로 밀어넣으면 다른 쪽으로 튀어나온다.

예수님은 이런 사람들에게 "내게로 오라 내가 너희를 쉬게 하리라"(마 11:28)라고 말씀하신다. 그분이 주시는 안식은 '온유의 쉼'이다. 우리 자신을 있는 그대로 받아들이고 가면을 버릴 때 찾아오는 복된 편안함이다. 그렇게 되려면 처음에는 어느 정도 용기가 필요하겠지만, 이 쉬운 새 멍에를 강하신 하나님의 아들과 함께 진다는 것을 알게 되면 능히 감당할 수 있을 것이다. 그분은 이 멍에를 '내 멍에'라고 부르신다. 우리가 이 멍에의 한쪽 끝을 메고 간다면 다른 쪽 끝은 그분이 메고 가신다.

●

주님, 저를 어린아이처럼 만들어주소서. 자리나 명성이나 지위를 놓고 남들과 경쟁하려는 욕심에서 저를 건지소서. 아주 어린아이처럼 꾸밈없고 순진하게 되기를 바랍니다. 겉치레와 가식에서 저를 구하소서. 제 자신에게 관심을 쏟는 것을 용서하시고, 저 자신을 잊게 도우소서. 당신을 보면서 참된 평안을 얻게 하소서. 당신 앞에서 저를 낮추오니 제 기도에 응답하소서. 당신의 편한 멍에, 즉 '자기 망각'의 멍에를 제게 얹으소서. 그리하시면 그 멍에를 통해 쉼을 얻을 것입니다. 예수님의 이름으로 기도합니다. 아멘.

삶으로 드리는
성례전

그런즉 너희가 먹든지 마시든지 무엇을 하든지 다 하나님의 영광을 위하여 하라 고전 10:31

그리스도인의 마음의 평안을 방해하는 것 중 하나는 삶을 거룩한 것과 세속적인 것의 두 부분으로 나누는 뿌리 깊은 습관이다. 그러나 이 두 영역이 분리되어 있고 도덕적으로나 영적으로 양립할 수 없다고 생각하는 사람도 삶의 불가피한 요소들에 의해 두 영역을 항상 넘나들지 않을 수 없다. 그렇기에 내면적 삶이 무너지고 '통합된 삶' 대신 '분열된 삶'을 살아가게 된다.

그리스도를 따르는 우리가 영적 세계와 자연적 세계에서 동시에 살아간다는 사실이 문제를 일으킨다. 아담의 후손인 우리는 인간 본성의 연약함과 사악함, 그리고 육신의 한계에 종속되어 살아간다. 세상 사람들 속에서 살아간다는 사실 자체만으로도 늘 세상의 일에 신경을 쓰고, 많이 수고하며, 염려해야 한다. 그런데 이런 삶과 뚜렷한 대조를 이루는 성령 안에서의 삶도 우리에게 존재한다. 우리는 하나님의 자녀이기 때문에 더 높은 차원의 다른 삶을 즐길 수 있다. 천국의 시민으로서 그리스도와 깊은 교제를 누릴 수도 있다.

삶의 이런 두 가지 측면 때문에 우리 삶이 두 부분으로 분리되는 경향이 나타나고, 무의식적으로 두 가지 유형의 행동들을 하게 된다. 한 가지는 하나님을 기쁘게 해드린다는 확신과 만족 가운데 일어나는 행동들이다. 이것들은 거룩한 것들로서, 흔히 기도와 성경 읽기, 찬송가 부르기, 교회 출석처럼 믿음에서 직접적으로 나오는 것이다. 이런 것들은 세상과 아무런 관계가 없는 것들로 간주되기 쉽다. 그리고 이런 것들은 "손으로 지은 것이 아니요 하늘에 있는 영원한 집"(고후 5:1)이 있는 저 세상을 믿음의 눈으로 바라볼 때 외에는 아무 의미가 없는 것처럼 느껴진다.

이런 거룩한 것들과 대조를 이루는 것이 세속적인 행동들이다. 이것들은 우리가 아담의 자손들과 공유하는 행동으로 식사, 수면, 일, 건강관리처럼 이 땅에서의 단조롭고 평범한 일들이다. 이런 일들이 때로는 시간과 힘의 낭비로 생각되기 때문에 하나님께 죄송하다고 말씀드린다. 이런 일상적인 것들을 처리하며 살아갈 때 우리의 마음은 대개 편하지 않다. 때로는 깊은 좌절감을 느낄 수도 있고, 때로는 시름에 잠긴 듯한 말투로 "이 땅의 껍질을 벗고 세상 일로 더 이상 근심하지 않게 될 더 좋은 날이 올 거야"라고 중얼거린다.

삶 자체로 영광 돌리신 주님의 모범

이제까지 내가 설명한 것이 오래 전부터 내려온 '성(聖)과 속(俗)의 대립'이다. 대부분의 그리스도인이 이런 고정관념에 사로잡혀 있고, 두 세계를 만족스럽게 조정하는 데 실패한 그들은 두 영역 사이에서 힘겹게 줄타기를 하느라고 어느 영역에서도 평안을 누리지 못한다. 힘이 낭비되고 판단이 혼란스러워지며 기쁨이 사라진다.

하지만 그럴 필요가 전혀 없다고 나는 믿는다. 우리가 딜레마에 빠져 있다는 생각도 들지만, 깊이 생각해보면 이것은 딜레마가 아니다. 오해 때문에 이런 고민이 생긴 것이다. '성(聖)과 속(俗)의 대립'은 신약성경이 지지하는 사상이 결코 아니다. 기독교의 진리를 더 올바로 이해하게 되면 이런 오해에서 벗어날 수 있다.

주 예수 그리스도는 우리의 완전한 모범이시다. 그분의 삶은 분리된 삶이 아니었다. 어릴 적부터 십자가 죽음의 때까지 성부와 동행하시며 이 땅에서 아무런 긴장 없이 사셨다. 하나님은 그분의 삶 전체를 희생제사로 받으셨고, 그분의 행동들 사이에 어떤 구분도 짓지 않으셨다. 성부와 관계된 그분의 삶을 간략하게 요약해서 표현해주는 것은 "나는 항상 그가 기뻐하시는 일을 행하므로"(요 8:29)라는 말씀이다. 그분은 사람들 중에서 행하실 때 위엄과 평안으로 충만하셨다. 그분이 견디셔야 했던 모든 중압감과 고난은 세상의 죄를 지심으로 생긴 것이지 도덕적 불완전성이나 영적 한계 때문에 생긴 것이 아니다.

"무엇을 하든지 다 하나님의 영광을 위하여 하라"(고전 10:31)라는 바울의 권면이 단지 경건의 이상(理想)을 가르치는 것만은 아니다. 이 말은 거룩한 계시에서 뺄 수 없는 필수적 부분이다. 진리의 말씀으로 받아들여져야 하는 이 말은 삶의 '모든 행동'을 하나님의 영광을 위한 행동으로 승화시키는 것이 가능하다고 가르친다. 삶의 '모든 행동'이 그분께 영광 돌릴 수 있다는 것을 인정하기 주저하는 우리의 소심함을 극복하게 하려고 바울은 특별히 '먹고 마시는 것'을 예로 든다. 먹고 마시는 소박한 특권은 멸망하는 짐승이나 인간이 동일하게 공유하는 것이다. 이런 기본적인 동물적 행동이 하나님께 영광을 돌릴 수 있다면, 그분께 영광을 돌리지 못할 행동이란 없다.

기독교 역사 초기에 있었던 일부 경건서적 저술가들의 책에서 두드러지게 나타나는 '몸에 대한 금욕적 증오'는 하나님의 말씀이 전혀 지지하지 않는 사상이다. 선정적(煽情的) 언행을 삼가라고 성경이 가르치는 것은 사실이지만, 그렇다고 해서 성(性)에 대한 지나친 거부 반응이나 잘못된 수치심을 가르치는 것은 아니다.

신약성경은 우리 주님이 성육신 때에 인간의 몸을 취하신 것이 당연하다고 본다. 그분이 몸을 가지신 사실에 함축된 여러 가지 의미들을 애써 감추려는 시도는 신약에서 발견되지 않는다. 그분은 그런 몸을 가지고 이 땅의 사람들 가운데 사셨지만, 거룩하지 않은 행동을 하신 적은 한 번도 없다. 그분이 육체로 이 땅에 오셨다는 사실은 하나님께서 인간의 몸을 본질적으로 싫어하신다는 악한 사상을 영원히 날려버린다. 그분은 우리가 책임져야 할 몸을 책임지는 것을 불쾌하게 여기시지 않는다. 그분이 우리의 몸을 만드셨기 때문이다. 그분은 자신의 손으로 만드신 것을 부끄러워하지 않으신다.

정작 부끄러워해야 할 것은 우리의 재능과 능력을 악용하고 오용하고 남용한 우리 인간이다. 인간이 몸으로 범한 죄악된 행동은 결코 하나님을 높일 수 없다. 우리의 의지로 악을 행하면 하나님께 받은 순전하고 무해한 재능과 능력이 사라지고, 창조주를 결코 영화롭게 할 수 없는 왜곡되고 남용된 재능과 능력만이 남는다.

하지만 이런 왜곡과 남용이 없는 경우를 가정해보자. 즉, 회개와 거듭남의 두 가지 기적을 체험한 그리스도인을 생각해 보자. 이 사람이 성경에서 배운 하나님의 뜻에 따라 살아간다면, 그의 삶의 '모든' 행위가 기도나 세례나 성찬만큼 거룩하거나 또는 거룩해질 수 있다고 말해도 무방할 것이다. 그렇다고 해서 모든 행위를 단순히 획일화하려는 것은 아니다. 오히려 모든 행위를 하나님 나라의 수준으로 끌어올려 삶의 모든 부분을 성례전으로 승화시키려는 것이다.

성례전이 내적 은혜의 외적 표현이라면, 이런 내 주장은 얼마든지 정당성을 갖는다. 자아 전체를 하나님께 거룩하게 봉헌한 사람은 그 후의 모든 행동을 통해 그 봉헌을 거듭 표현할 수 있다. 예수님이 예루살렘으로 들어가기 위해 타셨던 미천한 짐승을 부끄러워하지 않으신 것처럼, 우리도 몸을 부끄러워할 필요가 없다(몸은 평생 우리를 모시고 다니는 종의 역할을 충실히 감당한다). "주가 쓰시겠다"(마 21:3)라는 말씀에 담긴 깊은 의미가 죽을 수밖에 없는 우리의 몸에도 적용된다. 그리스도께서 우리 안에 거하신다면, 우리는 그 옛날 보잘것없는 짐승이 그랬듯이 영광의 주님을 모시고 다니는 것이며, 무수한 사람이 우리를 보고 "가장 높은 곳에서 호산나"(마 21:9)라고 소리칠 것이다.

일상을 제사장의 일로 삼으라

'성과 속의 대립'이라는 고정관념에서 오는 어려움을 피하려면, 이 진리를 아는 것만으로는 부족하다. 이 진리가 우리의 핏줄을 타고 흘러야 하며, 우리의 복잡한 사고를 완전히 지배해야 한다. 그리고 실제의 삶 속에서 하나님의 영광을 위해 살겠다고 굳게 결심하고 연습해야 한다. 이 진리를 묵상하면, 기도 중에 종종 하나님과 이 진리에 대해 대화를 나누면, 사람들 중에서 행할 때 자주 이 진리를 머리에 떠올리면, 이 진리의 놀라운 의미를 깊이 깨닫게 될 것이다. 그리고 오랜 세월 우리를 괴롭혔던 '성과 속의 이원론(二元論)'은 통합된 삶의 안식 속에 녹아 없어질 것이다. 우리 모두가 하나님의 소유이며, 그분은 어느 것도 거부하지 않고 다 받아들이셨다는 깨달음이 임하면 내적 삶이 통합될 것이고, 모든 것이 우리에게 거룩하게 될 것이다.

하지만 이것이 전부는 아니다. 오래 된 습관은 쉽게 사라지지 않는 법이다. '성과 속의 이분법적 심리'에서 완전히 벗어나려면 많은 믿음의 기도와 총명한 사고가 필요하다. 예를 들어, 일상적 노동이 예수 그리스도를 통해 하나님이 받으시는 예배의 행위가 될 수 있다는 사상을 그리스도인이 이해하는 것은 쉽지 않다. 오랜 세월 믿어 온 '성과 속의 대립'이 때때로 그의 머릿속 깊은 곳으로부터 그 모습을 드러내 마음의 평안을 깨뜨릴 것이다. 옛 뱀, 즉 마귀는 그의 거짓말을 결코 포기하지 않을 것이다. 택시 안이나 책상이나 들판에서 나타나 그리스도인에게 "너는 하루의 대부분을 세상의 일에 바치고 신앙적 행위들에는 아주 조금만 시간을 할애하고 있다"라고 속삭일 것이다. 아주 조심하지 않으면 우리의 생각이 혼란에 빠지고 마음이 무거워지며 낙심이 찾아올 것이다.

그렇게 되지 않으려면 굳센 믿음으로 맞서는 수밖에 없다. 모든 행위를 하나님께 바쳐야 하고, 그분이 그것을 받으신다고 믿어야 한다. 밤낮으로, 매 시간의 모든 행위가 그분께 드려지고 또 그분이 받으신다는 사상을 굳게 붙들고 계속 주장해야 한다.

개인기도 시간에 하나님께 "저의 모든 행위가 하나님의 영광을 드러내기 원합니다"라고 기도드려야 하고, 이 기도를 보충하기 위해 일상생활 속에서 생각으로나마 끝없이 기도해야 한다. 일상적인 일 하나하나를 제사장의 일로 만드는 예술을 한 번 연습해보자. 하나님께서 우리의 소박한 행동 하나하나에 함께하신다고 믿자. 그리고 우리의 행동 속에서 그분을 발견하자.

지성소는 이미 열렸음을 기억하라

내가 이제까지 비판한 '성과 속의 대립'은 장소에 대한 사상에서도 아주 잘 나타난다. 신약성경을 읽어본 그리스도인들조차 어떤 장소들이 본래부터 거룩하다는 사상을 여전히 붙들고 있는 것은 정말 깜짝 놀랄 일이다. 이런 잘못된 사상이 너무 널리 퍼져 있기 때문에 이것에 대항해 싸우는 사람은 철저히 고독감을 느끼게 된다. 이런 잘못된 사상이 물감처럼 신앙인들의 사고와 시야를 물들였기 때문에, 이제는 그 오류를 감지하는 것조차 거의 불가능해졌다. 신약성경의 교훈과 완전히 배치되는 이 사상이 여러 세기 동안 설교단에서 선포되었고, 찬송가 가사에 실렸으며, 기독교 메시지의 일부로 편입되었다. 그러나 이것은 결코 기독교의 메시지가 될 수 없다. 내가 아는 한, 오직 퀘이커교도만이 이 오류를 볼 수 있는 분별력과 폭로할 수 있는 용기를 갖고 있다.

이 문제에 대해 나는 다음과 같이 설명하고 싶다. 사백 년 동안 이스라엘 민족은 우상숭배에 깊이 빠져 있는 애굽에서 살았다. 그러다 모세의 지도 아래 애굽에서 빠져 나와 약속의 땅을 향한 여정을 시작했다. 하지만 '거룩함'이라는 개념이 없는 그들을 가르치기 위해 하나님은 가장 기본적인 것부터 시작하셨다. 우선 불과 구름 가운데 임하셨고, 그 다음 성막이 만들어졌을 때에는 지성소에서 불 가운데 나타나셨다.

하나님은 그들에게 '거룩함'과 '거룩하지 않음' 사이의 차이를 가르치기 위해 아주 여러 가지 일들에서 구별을 지으셨다. 거룩한 날, 거룩한 그릇, 거룩한 옷 같은 구별을 만드셨다. 씻고 희생제사를 드리고 이런저런 것들을 봉헌하는 방법을 가르치셨다. 이런 과정을 통해 이스라엘은 그분이 거룩한 분이시라는 것을 알게 되었다. 그런데 그분이 가르쳐주기 원하셨던 것은 어떤 물건이나 장소가 거룩한 것이 아니라 그분 자신이 거룩하시다는 사실이다. 그들은 여호와의 거룩함을 알아야 했다.

그 후, 그리스도께서 나타나시는 위대한 시대가 열렸다. 그분은 주저함 없이 "옛 사람에게 말한 바 … 하였다는 것을 너희가 들었으나 나는 너희에게 이르노니"(마 5:21,22)라고 말씀하셨다. 구약시대의 교육은 끝났다는 것이다. 그분이 십자가에서 돌아가셨을 때 성전의 휘장이 위에서 아래까지 찢어졌다. 지성소는 그 안으로 들어가기 원하는 모든 이에게 활짝 열렸다. 그리스도의 말씀을 들어보자.

"예수께서 이르시되 여자여 내 말을 믿으라 이 산에서도 말고 예루살렘에서도 말고 너희가 아버지께 예배할 때가 이르리라 … 아버지께 참되게 예배하는 자들은 영과 진리로 예배할 때가 오나니 곧 이때라 아버지께서는 자기에게 이렇게 예배하는 자들을 찾으시느니라 하나님은 영이시니 예배하는 자가 영과 진리로 예배할지니라"(요 4:21,23,24).

얼마 안 가 사도 바울이 목소리 높여 자유를 선언하면서 모든 고기가 깨끗하고, 모든 날이 거룩하며, 모든 장소가 성스럽고, 모든 행위가 하나님을 기쁘게 해드린다고 외쳤다. 특정 장소와 특정 시간이 거룩하다는 개념은 인류의 교육을 위해 불가피하게 사용되어 왔던 어슴푸레한 빛이었지만, 결국 영적 예배의 충만한 태양 빛 앞에서 사라졌다.

불타는 건물로 되돌아가지 말라

그 후 교회는 일정 기간 동안 예배의 본질적 영성을 유지하다가 세월의 흐름과 더불어 서서히 그것을 잃어갔다. 타락한 인간의 마음에 선천적으로 깊이 박혀 있는 법적 사고가 과거에 있었던 이런저런 구별들을 다시 살려내기 시작했다. 교회는 다시 날과 절기와 계절을 지키기 시작했고, 특정 장소들을 택해 특별히 거룩하다고 선포했다. 날이나 장소나 사람 사이에 구별을 두었다. 처음에는 두 가지였던 성례전이 세 개로 늘고, 다시 네 개로 늘었다가 결국 로마 가톨릭의 득세로 말미암아 일곱 개로 확정되었다.

나는 아무리 잘못된 생각을 갖고 있는 그리스도인들이라 할지라도 그들의 체면을 실추시키고 싶지는 않다. 이런 사람들을 향해서도 최대한 사랑의 마음을 갖자는 것이 내 마음가

짐이다. 하지만 이런 나로서도 지적하지 않을 수 없는 것은, 로마 가톨릭이 '성과 속을 구별하는 이단적 사고'를 논리적으로 끝까지 밀고나가서 얻은 결론을 그들의 교리로 삼았다는 것이다. 이 결론이 만들어낸 최악의 결과는 신앙과 생활의 분열이다. 이것을 가르치는 자들이 이런 분열의 덫을 피하기 위해 많은 각주와 방대한 설명을 덧붙이지만, 논리에 압도당하는 자신들의 본능을 극복하지는 못한다. 그들의 실제 생활에서는 이런 분열이 엄연한 사실로 남아 있다.

종교개혁가들과 청교도들과 신비가들은 이런 분열의 속박에서 우리를 구해내기 위해 노력했다. 그러나 오늘날 보수적 교파들조차 이 속박으로 되돌아가고 있다. 불타는 건물에서 말을 이끌어내면 이상하게도 말이 고집을 부려 구조자의 인도를 뿌리치고 다시 건물로 달려 들어가 불에 타 죽는 경우가 있다고 한다. 오늘날의 근본주의는 이렇게 이상한 고집을 부리며 영적 속박으로 되돌아가고 있다.

날과 절기를 지키는 현상이 우리 중에서 점점 더 두드러지게 나타난다. 사순절, 거룩한 주간(Holy Week, 부활주일 직전의 한 주간), 성 금요일 같은 단어가 복음주의 그리스도인들의 입에서 점점 더 자주 튀어나온다. 우리는 호강에 겨워 우리의 개

신교적 전통이 얼마나 복된 것인지를 망각하고 있다.

부르심을 따라

당신이 내 말을 오해하지 않도록, 나는 일상생활의 성례전적 성격을 강조하는 내 주장의 실제적 의미들에 대해 말하겠다. 여기서는 내 주장이 의미하지 않는 것을 지적함으로써 내 주장이 의미하는 것을 간접적으로 드러내는 방법을 사용하고자 한다.

첫째, 지금 나는 우리가 행하는 모든 것들이 똑같이 중요하다고 말하는 것이 아니다. 어떤 선한 사람의 한 가지 행동이 그의 다른 행동보다 훨씬 더 중요할 수도 있고 덜 중요할 수도 있다. 바울이 장막을 꿰맨 행동이 그가 로마서를 쓴 행동과 똑같지는 않지만, 이 두 가지는 하나님이 받으신 참된 예배의 행위였다. 한 영혼을 그리스도에게 인도하는 일이 정원에 나무를 심는 일보다 더 중요한 것은 분명하지만, 나무를 심는 일도 영혼 구원의 행동만큼 거룩한 것이 될 수 있다.

내가 분명히 하고 싶은 두 번째 사항은 모든 사람이 동일한 기준에서 유용한 존재는 아니라는 사실이다. 그리스도의 몸 안에서도 은사는 제각각 다르다. 교회와 세상에게 얼마나 유익을 주었느냐 하는 차원에서 보면, 빌리 브레이(Billy Bray, 1794~1868. 잉글랜드의 설교자로서 인습에 얽매이지 않는 특징을 보였다) 같은 사람은 루터나 존 웨슬리 같은 사람과 비교가 되지 못할 것이다. 하지만 적은 은사를 받은 형제의 봉사도 많은 은사를 받은 형제의 봉사만큼 순수하기 때문에 하나님은 양쪽을 똑같이 기쁨으로 받으신다.

평신도는 그의 작은 과업이 목사의 과업보다 열등하다고 생각할 필요가 없다. "각 사람은 부르심을 받은 그 부르심 그대로 지내라"(고전 7:20)라는 말씀에 따라 사는 사람의 일은 목사의 일만큼 거룩하게 될 것이다. 사람의 일이 거룩한 것인지 세속적인 것인지를 결정짓는 것은 무슨 일을 하느냐가 아니라 왜 그 일을 하느냐이다. 동기가 가장 중요하다.

어떤 사람이 그의 마음속으로 주 하나님을 거룩한 분으로 모신다면, 그 후 그의 모든 행위는 특별한 의미를 갖게 된다. 그가 행하는 모든 것은 예수 그리스도를 통해 하나님을 기쁘시게 해드리는 선한 것이 된다. 그런 사람에게 있어서는 삶 자체가 제사장적 직무가 되는 것이다. 그가 아무리 비천한 일을 한다 할지라도, 그의 귀에는 "거룩하다 거룩하다 거룩하다 만군의 여호와여 그의 영광이 온 땅에 충만하도다"(사 6:3)라는 스랍들의 찬양 소리가 들릴 것이다.

●

주님! 당신을 온전히 믿고 의지하기 원합니다. 전적으로 당신의 것이 되기 원합니다. 당신을 모든 것보다 높이기를 소원합니다. 당신 밖에 있는 것이라면 그 무엇도 소유하지 않기를 원합니다. 끊임없이 당신의 압도적 임재를 의식하고, 당신의 음성을 듣기 원합니다. 안식과 진실이 넘치는 마음으로 살기를 갈망합니다. 제 모든 생각이 당신께 올려지는 향(香)처럼 향기롭고, 제 삶의 모든 행동이 예배의 행위가 되도록 성령충만 가운데 살고 싶습니다. 그러므로 그 옛날 당신의 큰 종의 말을 빌려 이렇게 기도합니다.
"간절히 구하오니 말로 다 표현할 수 없는 당신의 은혜의 선물로써 제 마음의 뜻을 깨끗하게 하소서. 그리하시면 당신을 온전히 사랑하고 당신께 합당한 찬양을 드릴 것입니다."
당신의 아들 예수 그리스도의 공로를 통해 이 모든 것을 허락해주실 것을 굳게 믿습니다. 예수님의 이름으로 기도합니다. 아멘.

하나님을 갈망하다

초판 1쇄 발행	2023년 2월 7일
초판 2쇄 발행	2024년 2월 7일
지은이	A. W. 토저
옮긴이	이용복
펴낸이	여진구
책임편집	이영주
편집	박소영 최현수 안수경 김도연 김아진 정아혜
책임디자인	이하은 | 마영애 노지현 조은혜
홍보·외서	진효지
마케팅	김상순 강성민
마케팅지원	최영배 정나영
제작	조영석 허병용
경영지원	김혜경 김경희

303비전성경암송학교 유니게 과정
이슬비전도학교 / 303비전성경암송학교 / 303비전꿈나무장학회

펴낸곳 규장

주소 06770 서울시 서초구 매헌로 16길 20(양재2동) 규장선교센터
전화 02)578-0003 팩스 02)578-7332
이메일 kyujang0691@gmail.com 홈페이지 www.kyujang.com
페이스북 facebook.com/kyujangbook 인스타그램 instagram.com/kyujang_com
카카오스토리 story.kakao.com/kyujangbook
등록일 1978.8.14. 제1-22

ⓒ 한국어 판권은 규장에 있습니다.
이 출판물은 저작권법에 의해 보호를 받는 저작물이므로 무단 전재와 무단 복제를 할 수 없습니다.

책값 뒤표지에 있습니다.
ISBN 979-11-6504-403-9 03230

규|장|수|칙

1. 기도로 기획하고 기도로 제작한다.
2. 오직 그리스도의 성품을 사모하는 독자가 원하고 필요로 하는 책만을 출판한다.
3. 한 활자 한 문장에 온 정성을 쏟는다.
4. 성실과 정확을 생명으로 삼고 일한다.
5. 긍정적이며 적극적인 신앙과 신행일치에의 안내자의 사명을 다한다.
6. 충고와 조언을 항상 감사로 경청한다.
7. 지상목표는 문서선교에 있다.

하나님을 사랑하는 자 곧 그의 뜻대로 부르심을 입은 자들에게는 모든 것이 合力하여 善을 이루느니라(롬 8:28)

규장은 문서를 통해 복음전파와 신앙교육에 주력하는 국제적 출판사들의 협의체인 복음주의출판협회(E.C.P.A:Evangelical Christian Publishers Association)의 출판정신에 동참하는 회원(Associate Member)입니다.